INVENTAIRE.
X 24,893

EXERCICES ÉLÉMENTAIRES

ADAPTÉS

A LA GRAMMAIRE LATINE DE LHOMOND.

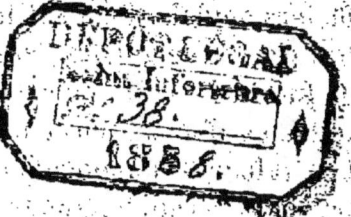

X.

EXERCICES
ÉLÉMENTAIRES

EXERCICES
ÉLÉMENTAIRES

ADAPTÉS

A LA GRAMMAIRE LATINE DE LHOMOND.

TROISIÈME PARTIE.

ROUEN,

IMPRIMERIE MÉGARD ET Cie,

Grand'Rue, 156, et rue du Petit-Puits, 17,

1858

EXERCICES ÉLÉMENTAIRES

ADAPTÉS

A LA GRAMMAIRE LATINE DE LHOMOND.

TROISIÈME PARTIE.

SYNTAXE DES NOMS.

Règles : Ludovicus Rex. — Urbs Roma. — Liber Petri. — Puer egregiâ indole. — Tempus legendi. — Culpa est mentiri.

1. Cicéron, orateur célèbre, a écrit des ouvrages remarquables. — Il était d'une famille honnête. — Il sauva la ville de Rome dans des circonstances difficiles. — Il pratiquait la justice, vertu très-précieuse. — Il eut la force d'attaquer les citoyens pernicieux. — La crainte des dangers n'arrêta pas son ardeur. — La haine de ses ennemis fut la récompense de ses travaux. — Ce fut une honte d'exiler un citoyen d'un courage si grand. — Il visita la ville d'Athènes, l'île de Rhodes. — Il entendit les orateurs de la Grèce, et admira les monuments de cette contrée célèbre. — L'éloquence de Cicéron, la beauté de ses ouvrages, seront toujours la gloire de Rome.

2. Titus, empereur romain, fut un prince d'une clémence insigne. — Il cherchait les occasions d'accorder des bienfaits. — Dieu voulut punir les crimes du peuple juif. — Titus fut l'instrument de la vengeance divine. — Il assiégea Jérusalem, ville très-forte. — La hauteur des murailles, le nombre des défenseurs, devaient ôter l'espérance de la victoire. — Mais la ruine d'un peuple coupable ne pouvait être empêchée. — La ville fut prise. — Le pillage des richesses, l'incendie des maisons, le massacre des habitants, furent le châtiment d'un grand crime. — Cependant le malheur des Juifs excita la compassion du vainqueur. — Titus aurait voulu conserver le temple, ouvrage d'une beauté remarquable. — Mais les flammes consumèrent cet édifice.

3. Les habitants de Lampsaque avaient outragé Alexandre, roi de Macédoine. — Ce prince, d'un caractère irascible, voulut se venger. — Il avait pris la résolution de détruire la ville. — Anaximène, philosophe très-célèbre, fut le sauveur de sa patrie. — Il avait été le maître d'Alexandre. — Mais le prince, qui connaissait le dessein d'Anaximène, avait dit : Je n'exaucerai pas la prière de mon ancien maître. — Anaximène, connaissant cette parole d'Alexandre, employa une ruse fort innocente : «Prince magnanime, dit-il, c'est un devoir de punir les coupables. — La ville de Lampsaque mérite la colère de son vainqueur. — Vous goûterez ailleurs le plaisir de pardonner ; aujourd'hui, goûtez la douceur de la vengeance. — Détruisez une ville rebelle.» — Cette parole, d'une adresse merveilleuse, fut le salut de la ville et des habitants.

4. Joseph, fils de Jacob, était un jeune homme d'une grande beauté, mais d'une vertu plus grande encore. —

L'amour de son père excita contre lui la jalousie de ses frères. — Jacob lui avait donné une robe de diverses couleurs. — Cette distinction fut la cause de ses malheurs. — Ses frères conçurent le projet de le tuer. — Ruben empêcha ce meurtre, crime odieux et impie. — La providence de Dieu sauva l'innocent. — La méchanceté de ses frères fut l'occasion de sa grandeur. — Plus tard il eut le pouvoir de punir leur crime. — Mais le plaisir de pardonner arrêta une juste vengeance. — Imitons envers nos ennemis cette clémence, vertu aimable. — C'est une gloire d'oublier les injures. — La joie du cœur est la récompense de la douceur et de la bonté.

SYNTAXE DES ADJECTIFS.

Règles : Deus sanctus. — Pater et filius boni. — Pater et mater boni. — Virtus et vitium contraria. — Verè sapientes. — Turpe est mentiri. — Deus est sanctus.

5. Dans les beaux jours de l'été, la campagne offre un aspect agréable. — Les champs fertiles présentent aux yeux des spectateurs des moissons jaunissantes. — Les arbres déploient un feuillage nouveau, les fleurs variées charment la vue, les ruisseaux limpides serpentent dans les prairies verdoyantes, le rossignol et le merle réunis chantent le retour de la belle saison. Les neiges et les frimas glacés ne couvrent plus les hauts sommets des montagnes. — Les torrents impétueux ne roulent plus leurs eaux fangeuses à travers les rochers escarpés. — Les brebis et les agneaux joyeux bondissent dans les vallées fertiles. — Il est doux de se

promener sous l'ombre épaisse des platanes élevés. — Il est agréable de prendre un léger sommeil sur les bords riants d'un petit ruisseau qui coule avec un doux murmure.

6. Une barque légère fendait les flots blanchissants ; les matelots joyeux ne redoutaient aucun danger ; le ciel était serein ; les vents calmes paraissaient retenir leur douce haleine. — Une heureuse navigation conduisait la barque au port désiré. Tout à coup des nuages noirs et ténébreux couvrent l'étendue du ciel. — L'éclat brillant du soleil radieux est obscurci. — Les aquilons furieux troublent l'air. — Les flots soulevés mugissent avec un fracas effrayant. — Les blanches voiles de la frêle nacelle sont déchirées. — Le faible mât est brisé par le choc irrésistible des vents et des vagues irritées. — La mort la plus affreuse est le funeste sort qui menace les passagers tremblants. — Le secours seul du Dieu puissant peut empêcher un naufrage qui paraît inévitable.

7. Il serait difficile de peindre la frayeur qui avait saisi les cœurs les plus courageux. — Les hommes et les femmes, également effrayés, poussaient des cris plaintifs et lamentables qui égalaient l'horrible mugissement des flots. — Celui-ci réclame l'art inutile du pilote épouvanté. — Celui-là tient le mât entrelacé dans ses bras. — Une femme seule est calme. Elle a les yeux levés vers le ciel ; ses mains fermes soutiennent un petit enfant. Ses lèvres et son cœur ému prononcent cette fervente prière : « Vierge très-sainte, vous êtes l'étoile de la mer, vous serez notre secours. O Marie, il est bon d'implorer votre puissante protection. Nos crimes multipliés nous ont mérité un juste châtiment. Mais

voyez l'innocence de ce petit enfant. — Calmez le courroux des mers, apaisez les vagues irritées, arrêtez le tourbillon impétueux des vents, et notre piété reconnaissante portera des dons précieux à votre sanctuaire. »

8. Cette pieuse supplication fut exaucée. Les tonnerres et les éclairs menaçants ne fendirent plus les nues, les vents plus calmes dissipèrent les nuages amoncelés, l'air devint plus pur, la mer apaisée ne leva plus ses vagues agitées. Il fut facile de gouverner la barque sur une onde plus tranquille. Les matelots réparèrent les cordages brisés par l'effort violent de la tempête. Un vent favorable poussa la barque vers le rivage et au port voisin. Les passagers sauvés accomplirent la promesse et le vœu faits par eux. — Une antique chapelle, consacrée à la Vierge puissante et fidèle, vit une longue file de pèlerins qui apportaient des offrandes promises. Les voûtes sombres du temple modeste conservèrent longtemps les gages sacrés de cette heureuse délivrance.

Règles : Turpe est mentiri. — Deus est sanctus. — Credo Deum esse sanctum. — Graculus rediit mœrens. — Ego nominor leo. — Aristides mortuus est pauper.

9. Quelquefois les hommes honnêtes paraissent malheureux, et les méchants vivent fortunés ; mais il serait injuste d'accuser la providence divine. — Croyons que Dieu est équitable. — Il est bon d'attendre le jour inévitable de ses jugements. — Alors la conduite de Dieu paraîtra juste et sage. — Il ne sera plus permis à l'impie d'être orgueilleux. — Les pauvres qui auront vécu

affligés seront dans la joie, ils seront appelés bienheureux. — Il sera beau de voir les justes récompensés et les méchants punis. — Pensons que cette vie est courte et que les plaisirs sont passagers. — Les fleurs des prairies paraissent brillantes, mais après quelques jours elles tombent fanées. — Ainsi les joies de ce monde paraissent riantes, mais elles passeront fugitives et deviendront une source de regrets inutiles.

10. Cyrus, roi des Perses, est regardé comme le fondateur d'un empire très-puissant. Il est agréable de lire la vie de ce prince très-célèbre; il est utile de connaître les belles actions de ce monarque magnanime. Presque toujours il revint victorieux dans la guerre, et il parut grand dans la paix. — Il est nommé le libérateur du peuple de Dieu, dans les saintes Écritures. — Cyrus ne voulait être ni avare ni prodigue. — « Mes trésors sont immenses, disait-il, mais il est juste de les employer convenablement ; il est permis à un prince d'être libéral, mais une générosité excessive pourrait être appelée folie. » — Ce prince mourut regretté. — L'empire des Perses n'a pas eu de monarque plus grand ni plus célèbre.

RÉGIME DES ADJECTIFS.

Règles : Avidus laudum. — Cupidus videndi. — Similis patris *ou* patri. — Mihi utile est. — Propensus ad lenitatem. — Præditus virtute. — Mirabile visu.

11. L'histoire a conservé le souvenir de Néron, empereur romain ; mais le nom de ce prince est digne

d'un oubli éternel. — D'abord il sembla porté à la clémence; mais dès lors il était habile à feindre et à dissimuler. — Des maîtres habiles dans l'art de former un bon prince avaient soigné son enfance; mais ne se souvenant pas de leurs leçons, il suivit son caractère porté à tous les vices. — Il était plein d'une sotte vanité. — Semblable aux cochers, il voulut conduire lui-même un char dans les jeux publics. — Il était avide des spectacles les plus cruels. — Le peuple, déjà accoutumé aux folies de ses maîtres, était assez content de ce prince; mais les bons citoyens étaient irrités contre lui. — Il était digne de la mort honteuse qui termina sa vie.

12. Commode, fils de Marc-Aurèle, ne fut point semblable à son père. — Celui-ci avait été digne de l'amour des Romains; il était doué de toutes les vertus d'un bon prince; mais le fils ne fut point désireux d'imiter les bons exemples de son père. — Enclin à la cruauté, il parut né pour le malheur de tout le monde. — Un prince porté à la colère et qui est accoutumé à tous les excès, est semblable à une bête féroce; il est digne d'exécration. — Il excite contre lui des haines difficiles à éviter. — Les hommes ne souffrent point longtemps les outrages; ils ne se souviennent pas toujours des bienfaits; mais ils se souviennent des injures. — Il est avantageux aux princes d'être dignes de l'affection des peuples.

13. L'histoire de Denys, tyran de Syracuse, n'est point agréable à lire. — Ce prince était enclin à la vengeance. — Ses soupçons étaient difficiles à éviter et à apaiser. — Son avarice n'était pas facile à satisfaire. — Il était avide de richesses, désireux d'amasser des

trésors immenses, et employait contre ses sujets des supplices horribles à raconter. — Les habitants de Syracuse n'étaient pas accoutumés à un gouvernement tyrannique. — Cependant ils supportaient sa cruauté, parce que la fureur de ce tyran était propre à intimider les plus courageux. — Les crimes de Denys excitèrent contre lui des haines funestes à son repos. — Les Siciliens, irrités contre le tyran, n'osèrent pas se révolter; mais ils apprirent avec joie la mort de ce monstre odieux à tout le peuple.

14. Alexandre, roi de Macédoine, était doué des qualités guerrières. — Il était avide de gloire et capable de supporter les plus grandes fatigues. — Il n'était pas dépourvu des vertus convenables aux grands princes et avantageuses aux peuples. — Il était porté à la libéralité, accoutumé à la clémence, et se souvenait des services reçus. — Il fut longtemps digne de l'admiration des Macédoniens. — Il était quelquefois irrité contre ses meilleurs amis et méprisait les conseils utiles à sa gloire. — Alors, manquant de modération, et trop prompt à suivre sa colère, il commit des fautes indignes d'un roi. — Sans doute il est beau de régner et de vaincre ses ennemis; mais il est plus beau de vaincre ses passions.

SYNTAXE DES COMPARATIFS ET SUPERLATIFS.

Règles : Doctior Petro. — Felicior quàm prudentior. — Magis pius quàm tu. — Majori virtute præditus. — Doctior est quàm putas. — Altissima arborum, *ou* ex arboribus, *ou* inter arbores. — Validior manuum. — Maximè omnium conspicuus.

15. Le cheval est plus élégant que le bœuf et l'âne. — Il est le plus beau des animaux qui servent à l'homme. — Le chameau est plus utile que le cheval dans les voyages à travers le désert. — Le chien est le plus fidèle de nos serviteurs. — L'âne est plus sobre que le chien ; mais le chien est le plus nécessaire des deux. — Le chien n'est pas plus vigilant que courageux. — Le bœuf est plus robuste que le cheval ; mais le cheval est plus docile que le bœuf. — Nous avons un autre domestique plus utile que fidèle, le chat. — Il est le plus rusé de tous nos serviteurs ; il est aussi le plus flatteur. — L'habitant le plus immonde d'une ferme est le porc ; il est le plus laid à voir ; mais il est le plus facile à nourrir. — Les volailles qui peuplent nos basses-cours sont aussi très-utiles. — La poule est la plus tendre des mères. — Le paon est plus brillant que le coq ; mais le coq est plus courageux que le paon.

16. Les animaux devaient choisir un roi ; plusieurs ambitionnaient cet honneur plus brillant que solide. « Messieurs, dit l'éléphant, je suis plus digne du trône

que tous les autres habitants des forêts ; car je suis le plus grand, le plus fort et le plus brave de tous les animaux. — Tu n'es pas plus noble et plus beau que moi, dit le cheval. — Je suis connu comme le plus rusé, dit le renard. — Aucun de vous n'est plus léger que le cerf, dit celui-ci. — Si vous voulez avoir le plus agréable et le plus ingénieux des rois, dit le singe, choisissez-moi. Je suis par le visage le plus semblable à l'homme, qui est le roi de la nature. — Et moi, dit le perroquet, j'ai la parole, qui est le plus beau des dons accordés à l'homme. — Tais-toi, ô le plus sot des bavards, repartit le singe. Ton babil ridicule serait plus insupportable que mon laid visage. » L'assemblée donna la royauté à l'éléphant, qui était le plus sage de tous les prétendants.

Récapitulation sur la Syntaxe des Noms, Adjectifs, Comparatifs et Superlatifs.

17. Saint Louis a été le plus religieux des rois qui ont gouverné la France. — Il serait difficile de trouver un prince plus pieux que lui et plus observateur de la justice. — La reine Blanche avait été la plus tendre des mères, et il fut envers elle le plus respectueux des fils. — Il était doué de toutes les vertus et porté à soulager les maux du peuple. — Il fut désireux de reconquérir les lieux saints. — Les Sarrasins, peuple plus cruel que belliqueux, imposaient aux chrétiens une servitude encore plus misérable que honteuse. — Saint Louis forma le projet de détruire leur puissance. — Il entreprit une guerre dangereuse à faire. — Il confia le gouvernement de son royaume à sa mère, femme d'une rare prudence et d'une grande habileté, et partit.

18. Il traversa les mers, et une tempête poussa la flotte vers l'île de Chypre. — Après quelques jours, il quitta cette île, et aperçut bientôt les rivages de l'Égypte. — Une armée ennemie attendait les chrétiens; mais la vue de cette armée n'effraya point le saint roi; au contraire, il sauta plein d'ardeur dans les flots et attaqua les ennemis encore (1) avec plus de courage que de hardiesse. — Il était glorieux aux Français de remporter la première victoire. — C'eût été un malheur d'être vaincu; mais la victoire n'était pas facile à remporter. — Le désir d'imiter le roi excita les courages; les plus braves suivirent le roi. — Il était difficile de marcher à travers les vagues et d'éviter les traits de l'ennemi; mais l'exemple du prince était propre à encourager les plus timides.

19. Les ennemis étaient plus nombreux que les Français; cependant ils parurent effrayés. — Les Français, nés pour la gloire et avides de dangers, ne craignaient pas la mort; ils attaquèrent les Sarrasins avec un courage plus impétueux que prudent; ils les poussèrent, et bientôt le rivage fut libre. — Louis prit la ville de Damiette. — Mais la valeur bouillante des Français devint funeste à leur roi. — La fortune des combats changea, et saint Louis fut fait prisonnier. — Dans sa captivité il parut plus grand que ses vainqueurs; il fut toujours digne de l'admiration de ses ennemis; et ils disaient : « Nous n'avons jamais vu un chrétien plus fier que ce prince. » La religion donna au captif une patience plus forte que tous les tourments. — La liberté lui fut rendue, et la France revit son roi bien-aimé.

---

(1) *Tournez*, plus courageusement que hardiment.

SYNTAXE DES VERBES.

ACCORD DU VERBE AVEC LE NOMINATIF OU SUJET.

Règles : Ego audio. — Petrus et Paulus ludunt. — Ego et tu valemus. — Turba ruit *ou* ruunt.

20. Un bouc et un renard voyageaient de compagnie (1). — Celui-ci était le plus fin de son espèce; celui-là avait les cornes plus longues que l'esprit. — Tous deux eurent soif; ils descendirent dans un puits. — Lorsque l'un et l'autre eurent rafraîchi leur gosier, le renard dit au bouc : « Mon ami, nous avons bu suffisamment, et nous pourrions continuer notre route; mais il ne nous suffit pas d'avoir bu; il faut sortir d'ici. — Écoute mon projet. — Lève tes pieds et tes cornes, appuie-les contre le mur. — Je grimperai le long (2) de ton échine; je sortirai à l'aide (3) de cette machine; ensuite je te tirerai, et toi et moi nous serons sauvés. »

21. « Ce moyen de sortir est excellent, répondit le bouc, et les gens les plus avisés n'auraient pas trouvé mieux. — Moi, je l'avoue, je n'aurais pas été plus habile que toi. » — Le renard sort du puits, mais il y laisse son compagnon. — « Très-cher ami, lui dit-il, porte-toi bien, et souffre ton mal avec patience. Il aurait été avantageux pour toi (4) de ne pas descendre imprudemment dans ce puits; maintenant, retire-toi, si tu peux; moi je suis hors et je te quitte; des affaires pressantes m'appellent. » Et il s'en alla.

---

(1) *Unà.* — (2) *Per* avec l'acc. — (3) *Ope.* — (4) *A toi.*

La multitude des hommes est semblable au bouc de cette fable; elle écoute les belles paroles des trompeurs. — Les plus rusés se moquent des sots qui ne se défient pas. — Les vrais sages n'agissent pas inconsidérément.

RÉGIME DES VERBES.

VERBES QUI GOUVERNENT L'ACCUSATIF.

Règles : Amo Deum. — Imitor patrem. — Musica me juvat ou delectat.

22. Les historiens ont raconté ainsi la naissance et l'éducation de Romulus et de Rémus, qui fondèrent la ville de Rome. — Numitor, fils de Procas, gouvernait la nation des Latins; mais Amulius attaqua son frère Numitor, le chassa et s'empara du trône. — Ensuite il contraignit la fille de Numitor à être (1) prêtresse de Vesta. — Cependant elle enfanta deux fils, Romulus et Rémus, et elle les cacha. — Amulius n'ignora (2) pas la tromperie. — La naissance de ces deux enfants ne faisait pas plaisir (3) à ce prince ambitieux. — Il se vengea de la mère en la jetant dans les fers, et exposa les enfants sur le fleuve du Tibre. — Les eaux débordées avaient couvert les rives du fleuve; en se retirant, elles n'emportèrent pas le berceau qui renfermait les enfants.

23. Un sort plus heureux était réservé (4) à Romulus et à Rémus. — Un berger, conduisant des troupeaux, aperçut le berceau. Il entendit les vagissements des

---

(1) *Esse.* (2) Traduire par un des verbes *fallit, præterit.* — (3) Traduire par les verbes *juvat* ou *delectat.* — (4) *Manere* ou *expectare.*

enfants. — Il s'approcha et ouvrit le berceau ; la vue de ces petits infortunés excita sa compassion. — En contemplant leurs visages, il admira leur beauté. Il prit la résolution de leur sauver la vie. — Il ne redouta point la colère d'Amulius, emporta les enfants et les donna à sa femme. Ce berger ignorait (1) la destinée future de ces enfants. — Faustula, épouse du berger, prit soin (2) de ces nourrissons. — Une nourriture grossière fortifia leurs corps ; l'exercice et la lutte développèrent leurs membres et augmentèrent leur vigueur.

24. Quand ils eurent atteint la jeunesse, ils éprouvèrent leurs forces d'abord en chassant et en poursuivant les bêtes féroces dans les forêts; ensuite ils attaquèrent les brigands qui infestaient la contrée et enlevaient les troupeaux. — Bientôt une foule de bergers suivit ces nouveaux chefs. La bonne fortune accompagna leurs combats. Cependant les brigands prirent Rémus ; mais bientôt Romulus délivra son frère ; puis il tua Amulius, qui avait dépouillé Numitor, et rétablit celui-ci sur le trône. — Les deux frères entreprirent ensuite la fondation d'une ville (3). — Mais tous deux ambitionnèrent l'honneur de donner un nom à cette ville. — Cet honneur était réservé à Romulus. — Il voulut faire des lois en même temps qu'il traçait le contour de sa nouvelle ville. — Rémus se moqua des défenses de son frère, qui le tua.

---

(1) *Fallit* ou *præterit*. — (2) *Curare*. — (3) *Tournez*, entreprirent une ville devant être fondée.

VERBES QUI GOUVERNENT LE DATIF.

Règles : Studeo grammaticæ. — Defuit officio. — Calamitas tibi imminet. — Id mihi accidit. — Homo irascitur mihi. — Est mihi liber. — Hoc erit tibi dolori.

L'Enfant, l'Arbrisseau et le Chêne.

25. Un enfant avait bien étudié la grammaire et la géographie ; il avait satisfait son père et son précepteur. Le père, qui voulut favoriser les efforts du jeune élève, lui dit : « Une application trop longue pourrait nuire à ta santé ; d'ailleurs, il est avantageux à l'esprit de prendre quelque relâche. Je n'ai pas dessein de flatter ta paresse ; mais je veux secourir ta mémoire, qui pourrait succomber à un travail trop assidu. Une agréable promenade te plaira sans doute ; elle te procurera de l'amusement et peut-être de l'instruction. Partons. » Bientôt ils sont dans les champs.

26. Rien ne manquait à la joie de l'enfant, rien ne s'opposait à ses joyeux ébats (1). Le spectacle de la nature dans tout son éclat était présent à ses yeux. Le ciel n'avait point de nuages, et aucun orage ne menaçait la petite société. Ils marchaient le long (2) d'un ruisseau ; les branches des saules pendaient sur les rives. Un arbrisseau courbé s'offre à leurs yeux : il avait cédé à la violence des vents. « Vois ce jeune arbre, mon fils, dit le père ; une tempête l'aura penché vers la terre ; elle a endommagé son feuillage verdoyant ; elle n'a pas épargné ses branches naissantes.

---

(1) *Lusus, us.* — (2) *Secundum*, acc.

Il serait avantageux à cet arbrisseau d'être redressé ; peut-être tu pourrais être utile (1) à ce dessein. — J'essaierai de le secourir, » dit l'enfant. Et aussitôt il redressa l'arbuste sans effort.

27. « Mon fils, dit le père, je te félicite ; la force n'a pas manqué à ton bras, et ton entreprise a eu un bon succès. Maintenant tu aperçois ce chêne ; sa cime devrait s'élever au ciel ; au contraire, elle menace la terre. Essaie de le redresser aussi. — Mon père, dit l'enfant, mes forces ne suffiraient pas à une telle entreprise, et le bras d'un Hercule ne pourrait servir à redresser cet arbre trop vieux (2). — Mon fils, dit le père, il arrive aux jeunes gens ce qui (3) est arrivé à ces arbres. Quand les parents et les maîtres ont flatté leurs mauvais penchants, dans la suite ils ne peuvent être redressés ; mais quand ils n'ont pas épargné leurs défauts naissants, ils ont pu être corrigés. Désormais tu ne blâmeras plus la sévérité de ton précepteur, quand il lui arrivera de te reprendre et de te corriger. »

VERBES QUI GOUVERNENT L'ABLATIF.
VERBES QUI GOUVERNENT LE GÉNITIF.

RÈGLES : Abundat divitiis. — Fruor otio. — Miserere pauperum. — Vivorum memini.

28. Xerxès, roi des Perses, était maître (4) d'un vaste empire ; il se nourrissait des mets les plus exquis, il se glorifiait de ses immenses richesses. Il avait oublié la

---

(1) *Prodesse.* — (2) *Tournez*, à cet arbre trop vieux devant être redressé. — (3) *Quod.* — (4) *Potiri, or, iris.*

fragilité des choses humaines, et ne se souvenait pas des caprices de la fortune. Il avait eu pitié de Démarate, roi de Lacédémone, qui, exilé, avait cherché un refuge auprès de lui. Ce prince jouissait des bienfaits du grand roi; cependant il n'avait pas oublié sa patrie, et il aima mieux courir le danger de manquer des choses nécessaires à la vie que de flatter son bienfaiteur et le tromper. Un jour, Xerxès se glorifiait de sa puissance en présence de Démarate. « Voyez mes armées, lui disait-il ; mes soldats se servent d'arcs et de piques dorés ; mes camps regorgent de provisions ; mes innombrables vaisseaux ne manquent pas de rameurs, et je puis sans doute me réjouir d'avance d'une victoire assurée.

29. « O le plus puissant des rois, répondit Démarate, je voudrais bien m'acquitter des devoirs que vos bienfaits m'imposent et ne pas abuser de la liberté que vous m'accordez ; mais si vous vous souvenez de mes conseils, vous vous abstiendrez de toute guerre contre les Grecs. Ces peuples ne regorgent pas de richesses, ils ne se servent pas d'armes brillantes, cela est vrai ; mais ils ne manquent ni de soldats courageux, ni de capitaines habiles, ni de villes fortifiées. Toujours ils ont joui de la liberté ; ils se souviennent des beaux exploits de leurs ancêtres, et ils n'oublieront pas leur antique valeur quand il faudra combattre ; il vous sera difficile de les vaincre. » Xerxès n'écouta point alors les sages conseils de Démarate, et plus tard il ne put oublier sa honteuse défaite et le désastre de son innombrable armée.

RÉGIME INDIRECT DES VERBES.

Règles : Do vestem pauperi. — Minari mortem alicui. — Hæc via ducit ad virtutem. — Doceo pueros grammaticam. — Scribo ad te ou tibi epistolam.

30. L'apôtre saint Jean donna à l'Église naissante les plus beaux exemples de charité. Il avait trouvé dans la ville d'Éphèse un jeune homme qui lui avait paru digne de son affection. En partant, il le recommanda à l'évêque de cette ville, en lui disant : « Je confie ce jeune homme à votre sollicitude : vous lui enseignerez les vérités de la foi, vous le formerez à la vertu, vous me rendrez compte de son âme. » L'évêque enseigna au néophyte les mystères de la religion, et lui conféra le baptême, la confirmation et l'eucharistie ; puis, croyant à la fermeté de sa vertu, il l'abandonna à sa propre conduite et lui accorda une plus grande liberté. Le jeune homme ne répondit pas à la confiance de l'évêque, il oublia peu à peu ses recommandations, il se joignit à des libertins qui le portèrent à tous les désordres.

31. Après quelques années, saint Jean revint à Ephèse. « Rendez-moi le dépôt que je vous ai confié, » dit-il à l'évêque. Celui-ci, surpris, répondit à l'apôtre : « Vous ne m'avez donné ni or ni argent. — Cela est vrai, dit saint Jean, mais j'ai confié à vos soins un jeune homme ; rendez-moi son âme. — Hélas ! dit l'évêque, je ne puis vous cacher (1) le triste sort de ce malheureux : il est mort. — Et comment est-il mort ? — Il est

---

(1) Celare.

mort à Dieu, » ajouta l'évêque. Puis il raconta à saint Jean la fuite du jeune homme, et ses liaisons avec des voleurs. « Donnez-moi un cheval et un guide, s'écria l'apôtre ; j'irai, je le trouverai, je le ramènerai à la vertu. » Il court à la forêt où les voleurs avaient leur demeure. Les sentinelles l'arrêtent. « Conduisez-moi à votre chef, leur dit-il, je veux lui demander (1) une faveur. »

32. La vue de ce vieillard vénérable inspira aux voleurs un respect inaccoutumé ; ils n'osèrent s'opposer à son dessein, et ils le menèrent à leur capitaine. A peine celui-ci a-t-il aperçu le saint vieillard, qu'il le reconnaît ; il ne peut résister aux remords de sa conscience, il prend la fuite. Alors, l'apôtre, oubliant sa faiblesse et son âge avancé, court après lui. « Mon fils, lui crie-t-il, je veux rendre l'innocence et la paix à votre âme, prêtez l'oreille à mes paroles. Jésus-Christ m'a envoyé vers vous, je veux vous procurer le salut. Croyez-moi, arrêtez-vous. » Le voleur s'arrête. Le saint vieillard l'embrasse, lui promet le pardon de ses péchés, le ramène à l'église. Là il offrit à Dieu des prières et des jeûnes avec les fidèles, et la brebis égarée fut ramenée au bercail.

RÈGLES : Accepi litteras à patre meo. — Id audivi ex *ou* ab amico meo. — Christus redemit hominem à morte. — Implere dolium vino. — Admonui eum periculo *ou* de periculo. — Insimulare aliquem furti *ou* furto.

33. Cléanthe était très-pauvre, mais très-désireux de

---

(1) *Rogare.*

s'instruire. Pendant le jour, il recevait de Zénon des leçons de philosophie, et pendant la nuit il puisait de l'eau à un puits, et recevait d'un jardinier un modique salaire. Des envieux le citèrent en justice et l'accusèrent de vol. Les juges exigèrent de lui l'explication d'une chose qui paraissait difficile à éclaircir. « Bientôt, dit Cléanthe, vous pourrez connaître ma probité par des témoignages certains. » Alors il amena le jardinier chez qui il puisait de l'eau. « Demandez à cet homme, dit-il, mes moyens de vivre. » La réponse du jardinier délivra Cléanthe d'une injuste accusation. Non-seulement les juges ne condamnèrent à aucune amende cet ami de la science, mais ils voulurent le délivrer de la nécessité de travailler; ils lui offrirent une somme considérable. Cléanthe la refusa.

34. Les plus grands hommes de l'antiquité n'ont pas toujours reçu de leurs concitoyens les récompenses dues à leurs services. Nous connaissons par l'histoire l'ingratitude des Athéniens envers Aristide. Il avait comblé de gloire sa patrie, il n'avait retiré aucun profit du commandement des armées ni de l'exercice des magistratures; néanmoins ses ennemis l'accusèrent d'ambition. Les suffrages d'un peuple ingrat le dépouillèrent de tous ses biens, le privèrent de tous ses droits et le condamnèrent à l'exil. Camille n'éprouva pas un meilleur sort *de la part* (1) *des* Romains. La jalousie aussi l'éloigna de sa patrie. Il demanda aux dieux *que* (2) les Romains se repentissent de son exil. Rome fut prise et brûlée par les Gaulois. Camille fut rappelé de l'exil, et sauva sa patrie d'une entière destruction.

---

(1) *à*. — (2) *Ut* avec le verbe suivant au subjonctif.

RÉGIME DES VERBES PASSIFS.

Règles : Amor à Deo. — Mœrore conficior. — Mihi colenda est virtus.

35. Une armée de barbares avait été conduite par Attila, roi des Huns, jusqu'aux portes de Rome, et menaçait du pillage, de l'incendie et d'une ruine extrême cette ville célèbre. Les habitants étaient consternés par la vue des troupes innombrables qui couvraient les rives du Tibre. Les églises et les autels étaient assiégés par les femmes et les enfants. Tous les cœurs étaient épouvantés par le récit des cruautés qui avaient été exercées par ce prince barbare envers les peuples vaincus. Le courage des défenseurs de la ville était abattu par le désespoir, les cris, les lamentations. Rome paraissait ne pouvoir être sauvée par aucune force humaine. Cependant une dernière ressource dut être tentée par le sénat. Peut-être ce farouche vainqueur qui ne pouvait être repoussé par les armes, serait-il fléchi par des prières. Le sénat l'espérait.

36. *Il fut décidé que* (1) des députés seraient envoyés par le sénat vers le roi des Huns; mais cette commission, qui paraissait pleine de dangers et difficile à accomplir, n'était ambitionnée de personne; elle était même jugée inutile par les plus sages. L'Église de Rome était alors gouvernée par saint Léon. La cruauté des barbares était bien connue de ce courageux pontife. Cependant il ne fut point épouvanté du danger qui le menaçait, ni détourné par la crainte de ne pas réussir.

---

(1) *Statutum fuit ut*, et le verbe suivant au subjonctif.

Bientôt la résolution du saint pontife fut publiée par la renommée dans toute la ville. Son nom fut béni de tous les citoyens. Les craintes furent diminuées par l'espérance. Le pontife avait dit : « Les cœurs des princes sont changés par l'esprit de Dieu, quand cela lui plaît. Nous serons protégés par sa main puissante, ou nous serons délivrés par un secours inattendu. »

37. Saint Léon fut conduit jusqu'aux portes de la ville par la multitude éplorée. Il marchait revêtu des ornements de sa dignité; il se dirigea vers le camp d'Attila. Bientôt il fut aperçu par les sentinelles, et lorsqu'il put être entendu des ennemis : « Je désire être mené par vous à votre roi, » dit-il. Le prince avait été averti par ses officiers de l'arrivée du pontife; il l'attendait entouré de ses guerriers. Le barbare fut frappé de la figure vénérable, de l'air majestueux et calme du saint pontife. Il accueillit avec respect celui qui était envoyé par les malheureux habitants. Mais quand Léon eut commencé à parler, le roi fut encore plus vivement touché de son discours noble et hardi, de son éloquence et de ses menaces. Ainsi, celui qui n'avait jamais été attendri par le spectacle des calamités humaines fut vaincu par un homme sans armes. Il s'éloigna de Rome et il sortit bientôt de l'Italie.

RÉGIME DES VERBES IMPERSONNELS.

RÈGLES : Hæc ad me pertinet. — Me pœnitet culpæ meæ. — Incipit me pœnitere culpæ meæ. — Refert, interest regis. — Refert meâ, tuâ, etc. — Ad honorem nostrum interest. — Est regis. —

Est meum, tuum. — Hic liber est tuus. — Mihi opus est amico.

38. Il appartient aux héros chrétiens de donner de grands exemples de magnanimité ; mais ce devoir regarde surtout les rois. Saint Louis traversait les mers *pour* (1) revenir dans son royaume. Le vaisseau fut battu par la tempête et presque brisé par la violence des eaux, et la vie du prince était dans un très-grand danger. Le pilote et les matelots lui dirent : « Il importe au bonheur de la France de conserver son roi ; c'est à nous de pourvoir à votre salut, suivez donc notre conseil et passez sur un autre vaisseau. — Ma vie appartient à Dieu, répondit le pieux monarque, et le soin de me sauver regarde la Providence. Je devrai toujours avoir honte de ne pas donner l'exemple de la fermeté et du courage. Il m'importe à moi, roi français, de ne pas abandonner dans le péril mes fidèles serviteurs. C'est à vous de m'imiter. »

39. L'empereur Théodose avait comblé de bienfaits la ville d'Antioche, mais les habitants n'eurent pas honte d'être ingrats. Les statues du prince furent renversées par la populace, et les révoltés n'épargnèrent pas le prince lui-même dans leurs clameurs séditieuses. Il importait à la tranquillité de l'empire de ne pas laisser une telle rébellion impunie, et Théodose disait : « Il est de mon devoir de détruire une ville coupable. » Toutefois ce prince, quoique naturellement porté à la colère, eut pitié des malheureux habitants. Ceux-ci avaient commencé à se repentir de leur sédition, et Flavien, évêque d'Antioche, avait demandé à Théodose

---

(1) *Ut*, et le verbe suivant à l'imparfait du subjonctif.

la grâce des coupables. L'empereur avait été touché des paroles du saint pontife : « Prince, si vous voulez obtenir de Dieu le pardon de vos offenses, il vous importe de pardonner (1) vous-même. »

40. Un paysan conduisait son âne au marché. Celui-ci s'ennuyait de la route, qui lui paraissait longue. « Mon maître n'a point pitié de moi, disait-il ; mais bientôt il se repentira de sa dureté. » Notre âne méditait un mauvais tour (2). Il s'arrête dans le chemin. D'abord le maître l'excite à marcher sans coups ; mais l'âne n'a pas honte de s'obstiner, et reste immobile. « Tu seras bientôt fâché de tes malices, » dit le maître. Et aussitôt il lui flatte rudement les côtes avec un bâton noueux. Des courtisans qui passaient eurent pitié du malheureux animal, et dirent au paysan : « Quoi ! vous battez ainsi cette pauvre bête ? Vous devriez avoir honte de votre brutalité. » Le paysan écouta leur mercuriale avec respect ; puis il ôta son bonnet, se tourna vers son âne : « O mon très-cher petit âne, dit-il, aie pitié de ton maître ; pardonne-lui ; il ne savait pas que tu avais des amis à la cour (3). »

RÉGIME D'UN VERBE SUR UN AUTRE VERBE.

RÈGLES : Amat ludere. — Eo lusum. — Redeo ab ambulando. — Te hortor ad legendum. — Consumit tempus legendo. — Dedit mihi libros legendos. — Vidi eum ingredientem.

41. Les poëtes anciens aimaient à peindre la vie in-

---

(1) *Tournez*, que vous pardonniez, *ut*, et le verbe au subjonctif. — (2) *Dolus, i*. — (3) *Tournez*, il ne savait pas des amis être à toi auprès du roi.

nocente des premiers hommes et à chanter les plaisirs de la vie champêtre. Nous voyons dans leurs écrits les bergers composer des chansons naïves et célébrer les merveilles de la nature. Nous aimons à rappeler ces temps heureux qui furent appelés l'âge d'or. Alors l'ambition n'excitait pas les hommes à rechercher les honneurs et les dignités ; ils ne passaient pas leur vie à ramasser des richesses. Il suffisait à chacun de posséder le champ de ses aïeux. Les enfants s'accoutumaient à imiter les exemples d'un père et d'une mère vertueux. Ils apprenaient dès la jeunesse à supporter un travail pénible. Ils employaient la vigueur de leurs membres à cultiver la terre. Les plus faibles passaient le temps à paître des troupeaux. La concorde, la paix, les bonnes mœurs étaient conservées par cette vie simple et champêtre.

Le Renard et le Corbeau.

42. Un corbeau, plus gourmand que malin, avait dérobé un fromage et commençait à le manger. Un renard qui revenait de chercher des poules, et qui avait passé la nuit à rôder inutilement, vit notre sot becqueter son fromage. « Je tenterai d'avoir ma part de cette proie, » dit-il en lui-même. Et aussitôt il résolut de duper le corbeau. Il s'approche et commence à complimenter l'oiseau stupide. « Bonjour, mon très-cher ami, lui dit-il. Vraiment vous me paraissez être le plus beau des habitants de ce bois. Je suis venu écouter le ramage des oiseaux ; je désirerais entendre aussi votre voix ; je vous invite donc à déployer toutes les richesses de votre gosier ; car si la douceur de vos chants est égale à l'éclat de votre plumage, le rossignol lui-même n'oserait rivaliser avec vous. »

43. Le corbeau aurait dû se défier de ce langage trop flatteur; il aima mieux se croire digne de ces louanges. *Bien des gens* (1) qui aimeront à rire de sa sottise ont coutume de prêter l'oreille aux flatteurs, comme il fit. Donc il voulut montrer sa belle voix. Pour cela, il fallait desserrer le bec. Hélas! le fromage tombe, et le renard court ramasser ce mets friand. « Mon cher ami, dit-il au corbeau, tu me vois manger ce fromage avec appétit; il est d'un goût délicieux; et par reconnaissance, je dois te donner un bon conseil, et je t'exhorte à ne pas l'oublier; apprends à ne pas écouter la voix des flatteurs. Adieu. » Le corbeau se repentait bien de sa sotte crédulité; mais il n'osa pas se plaindre, et il alla cacher sa honte dans la forêt. Soyons plus sages que le corbeau. Quand un flatteur viendra chatouiller nos oreilles, disons : « Sans doute cet homme cherche un fromage à dévorer. »

Récapitulation sur toutes les règles, jusqu'à la syntaxe des Pronoms.

44. Dans la première guerre punique, les Romains assiégèrent Syracuse, la plus célèbre des villes de la Sicile; mais elle était défendue par un homme qui retarda longtemps la ruine de sa patrie. Cet homme était appelé Archimède. Il était habile dans la géométrie, et il construisait des machines admirables à voir. Enfin, la ville fut prise par les assiégeants. Marcellus, général des Romains, admirait la science d'Archimède et désirait lui sauver la vie. Les soldats victorieux portaient le fer et le feu dans la ville prise; et Archimède, occupé à tracer des figures sur la poussière, n'entendait pas les

---

(1) *Multi homines.*

gémissements des citoyens égorgés, ne voyait pas les maisons dévorées par les flammes. Il fut tué par un soldat qui ne le connaissait pas. Marcellus fut affligé de la mort d'un homme digne d'un meilleur sort.

L'Enfant prodigue.

45. Un homme avait deux fils. Le plus jeune dit à son père : « Mon père, donnez-moi ma part. » Et le père partagea son bien à ses deux enfants. Ce jeune homme, désireux d'une liberté plus grande, alla voyager dans un pays éloigné. Bientôt toute sa fortune fut dissipée par la débauche. Il devint très-pauvre. Une famine survint. Alors le malheureux demanda du service à un habitant de ce pays. Celui-ci l'envoya garder les pourceaux dans sa métairie. Il manquait souvent des choses nécessaires à la vie, et il aurait voulu manger les restes des pourceaux ; mais personne ne lui donnait de la nourriture. Enfin, l'infortuné jeune homme eut honte de sa mauvaise vie ; il se ressouvint de son père, et il dit : « Je me lèverai, j'irai trouver mon père, j'obtiendrai de sa bonté le pardon de mes égarements. »

46. Il partit plein de repentir et d'espérance. Il était encore loin de la maison lorsqu'il fut aperçu de son père. Le malheureux était couvert de haillons ; cependant il fut reconnu de son père. Celui-ci courut au-devant de lui, et l'embrassa en pleurant. Le prodigue dit à son père : « Mon père, j'ai péché contre le ciel et contre vous, je suis indigne du nom de fils ; donnez-moi une place dans votre maison comme à un de vos serviteurs. » Mais le père eut pitié de son fils, et dit à ses serviteurs : « Hâtez-vous de lui apporter sa première robe, mettez un anneau à son doigt et des chaussures à ses pieds ; tuez le veau gras, et réjouissons-nous :

mon fils était mort, et il est ressuscité. » Cette parabole montre aux hommes la bonté de Dieu; il accorde facilement le pardon aux pécheurs qui reviennent à lui avec un cœur sincère.

SYNTAXE DES PRONOMS.

I. Qui relatif.

Règles : Deus qui regnat. — Puer quem pœnitet. — Magister cui opus est.

47. Un loup qui ne pouvait plus enlever les brebis essaya d'employer une ruse qui suppléât à sa faiblesse. Il prend un habit de berger (1) qui était propre à son dos. Il appuie ses pieds de devant (2) sur un bâton qui devient sa houlette. Il met sur sa tête un chapeau qui portait ces mots écrits : « Je suis Guillot, berger de ce troupeau. » Il s'approche ensuite des brebis qui dormaient. Le chien, qui aurait dû veiller, dormait aussi, et le berger, qui avait intérêt à garder son troupeau, n'était pas plus vigilant que le chien. Le loup, qui avait besoin d'adresse, les laissa dormir. Il voulait seulement mener quelques brebis vers son repaire, qui n'était pas loin. Il essaya d'imiter la voix du berger; mais les sons rauques qui sortirent de son gosier réveillèrent le berger et le chien, qui coururent sur lui. Le malheureux loup, qui ne pouvait fuir, fut assommé et déchiré par le chien, qui fit un bon régal.

---

(1) De berger, *pastoralis, e*, adject. — (2) De devant, *anterior, is*, adjectif que l'on fera accorder avec pieds.

II. Que relatif.

Règles : Deus quem amo. — Grammatica cui studeo. — Pauperes quos amare et quibus opitulari debemus. — Animal quem vocamus leonem.

48. Mes enfants, écoutez l'histoire de saint Phocas, que l'Église honore comme martyr. Il demeurait près d'une ville que les historiens appellent Sinope. Le jardin qu'il cultivait suffisait à sa nourriture ; il distribuait aux pauvres les légumes et les fruits qui lui restaient. Il imitait les vertus des anciens patriarches dans un genre de vie que les hommes vains méprisent. Il exerçait l'hospitalité que l'Évangile recommande. Il recueillait les voyageurs et les étrangers que les autres délaissaient. Aussi sa maison, que les pauvres trouvaient toujours ouverte, était connue dans toute la contrée. Les vertus qu'il pratiquait lui méritèrent l'honneur du martyre. La persécution que l'empereur Dioclétien avait allumée sévissait alors. Phocas fut accusé de suivre une religion que les lois réprouvaient.

49. Des bourreaux furent envoyés avec ordre de tuer un homme que l'empereur aurait dû épargner et récompenser. Les soldats demandèrent l'hospitalité à Phocas lui-même, qu'ils ne connaissaient pas, et qui les reçut avec honnêteté. Pendant le souper, ils lui déclarèrent l'ordre qu'ils devaient exécuter le lendemain, et lui dirent : « Indiquez-nous ce Phocas que nous devons mettre à mort (1). » Le saint, que la mort menaçait, répondit : « Je connais l'homme que vous cherchez ;

---

(1) *Occidere.*

demain je vous le montrerai. » Les soldats allèrent se coucher. Pendant la nuit, Phocas creusa un tombeau et prépara toutes les choses nécessaires à sa sépulture; puis il se disposa à mourir. Quand le jour fut venu, il alla trouver ses hôtes et leur dit : « L'homme que je dois vous indiquer n'est pas loin, c'est celui que vous voyez : je suis Phocas. » Les soldats, que ces paroles étonnèrent, restèrent immobiles. « Exécutez l'ordre que vous avez reçu, leur dit Phocas. Je ne crains pas la mort, je soupire après les avantages qu'elle doit me procurer. » Les soldats lui coupèrent la tête.

III. Dont ou de qui.

Règles : Deus cujus providentiam miramur. — Merces quâ dignus es. — Libri quibus utor.

50. L'empereur Titus, dont l'histoire conserve le souvenir avec respect, fut un de ces princes dont les noms seront toujours comblés d'éloges. La clémence fut la vertu dont il donna les plus beaux exemples. Un jour, il manda deux seigneurs dont il connaissait les mauvais desseins contre lui. Quand ils furent en sa présence, il ne leur reprocha point le crime dont il les soupçonnait; mais il demanda deux poignards, dont il leur présenta la poignée en disant : « L'homme dont vous désirez la mort est devant vous. Les gardes dont il pourrait être entouré et dont vous pourriez redouter les glaives, ne sont pas là : frappez ! » Les seigneurs demeurèrent immobiles. Le prince, dont ils avaient médité la mort, leur pardonna et leur montra toujours une bienveillance dont ils n'étaient pas dignes. L'empire romain ne jouit pas longtemps d'un maître dont les vertus auraient mérité une plus longue vie. Il fut appelé les délices du

genre humain; ce qui est un titre dont tous les rois devraient être jaloux.

Le Loup et le Chien.

51. Un loup dont les os traversaient la peau vit un chien dont l'embonpoint excita son appétit. Il aurait volontiers hasardé un combat, dont une si bonne proie eût été le prix; mais le chien était de ceux dont la dépouille est difficile à conquérir. Notre loup renonça donc à la violence, dont il ne pouvait attendre un bon succès, et il voulut employer la ruse, dont l'usage lui paraissait plus sûr. Il aborde le chien avec une politesse dont il usait rarement; il le félicite de son embonpoint. Le chien découvrit bientôt l'artifice dont le loup voulait se servir; il lui répondit : « Vous pourrez, quand vous le voudrez, jouir des avantages dont vous me félicitez. Quittez les bois dont l'herbe est une nourriture peu succulente; suivez-moi, je vous promets une destinée dont vous ne vous repentirez pas.

52. « Mais, dit le loup, *pour jouir* (1) de ce bonheur dont vous me parlez, j'aurai peut-être des devoirs dont je ne pourrai jamais m'acquitter.— Point du tout, répondit le chien; il suffira d'éloigner de la maison les gens dont la présence est importune; il suffira de flatter le maître, de qui vous recevrez votre salaire. Alors les os de poulets et de pigeons, dont vous ignorez peut-être le goût, seront votre régal ordinaire. » Notre loup se promet déjà une félicité dont la seule image tire des larmes de ses yeux. Pendant qu'ils marchent, il aperçoit le cou du chien, dont la peau était entamée. « Mon ami, lui dit-il, je vois sur votre cou une plaie dont je désirerais con-

---

(1) Traduire par le gérondif en *dum* avec *ad*.

naître la cause. — Cette petite incommodité, répondit le chien, est l'effet d'un collier dont je suis attaché quelquefois. — Vous n'avez donc pas la permission de courir, quand cela vous plaît? Si la chose est ainsi, je ne veux pas perdre la liberté dont je jouis; et je la préfère aux mets délicieux dont vous vous nourrissez. »

RÉCAPITULATION sur la Syntaxe du PRONOM RELATIF.

53. Une vigne qui abondait en rejetons, en bois et en feuillage, se complaisait en ses vains ornements dont elle ignorait le danger. Le vigneron, à qui il importait de faire une vendange copieuse, retranchait les sarments qui lui paraissaient nuisibles. La vigne, qui se croyait maltraitée, se plaignit un jour de la prétendue cruauté dont son maître usait envers elle. « Je ne comprends pas, lui dit-elle, cet amour dont vous voulez me donner des preuves. Vous me privez du riche feuillage qui serait mon plus bel ornement; vous retranchez les branches dont la vigueur promet les fruits les plus abondants. Je suis bien insensée, moi qui donne mes fruits à un homme par qui je suis offensée cruellement. J'envie le sort de cette vigne sauvage, ma voisine, à qui il laisse la liberté de produire les plus longs rameaux. »

54. Le maître, qui entendit ces plaintes, n'eut point pitié de la vigne; il continua de tailler les branches dont il n'attendait rien. La vigne maudissait l'instrument par qui elle était mutilée. Enfin le vigneron, qui voulait la consoler, lui répondit : « Si vous connaissiez mon dessein, vous vous réjouiriez du mal que je vous fais, ou plutôt vous seriez reconnaissante du bienfait que vous recevez. Je vous décharge d'un bois inutile

qui nuirait à votre fécondité. Ces branches que je coupe, et que vous regrettez, sont un ornement dont vous n'avez pas besoin. Si je ne les avais pas retranchées, vous ne porteriez pas les fruits dont vous pourrez vous enorgueillir plus tard. » Les enfants sont semblables à cette vigne; ils n'aiment pas la juste sévérité par laquelle un maître prudent corrige leurs défauts; mais plus tard ils comprendront la sagesse par laquelle il était dirigé.

55. Un enfant aperçut dans un jardin des plantes qu'il ne connaissait pas; il remarqua des arbustes dont les branches portaient un fruit qui charma ses yeux. « Voici un fruit dont le goût doit être excellent, » dit-il. Il regarde autour de lui, il n'aperçoit personne de qui il puisse être vu. Il cède à la gourmandise, par laquelle il est poussé, et cueille un fruit qu'il porte à sa bouche avec avidité. Mais aussitôt il sent un feu ardent, dont sa gorge est dévorée. Il jette le fruit en versant des larmes; mais la vive douleur qu'il ressentait ne pouvait être calmée. Sa mère, de qui il fut entendu, accourut et lui dit : « Enfant désobéissant, tu as mérité le châtiment que tu souffres ; tu aurais pu mourir, car le fruit que tu as goûté est un poison. » Ce fruit est l'image du péché, qui séduit les hommes par une apparence trompeuse, mais dont la jouissance apporte la douleur et la mort.

PRONOMS me, te, se, nous, le, la, les, lui, leur, en, y.

56. Un jardinier aimait à faire du bien aux pauvres, il leur donnait tout l'argent qui lui restait. Il aurait pu se procurer quelques agréments; mais « j'aime mieux,

disait-il, me priver d'une chose qui me plaît, et secourir ceux qui me demandent l'aumône. » Quand il donnait, il disait : « Voilà encore une pomme jetée par-dessus la haie. » Quelqu'un lui demanda le sens de ces paroles. « Je vous le dirai volontiers, répondit-il. Un jour, quelques enfants étaient dans mon verger. « Je vous
« permets, leur dis-je, de manger les fruits qui se trou-
« veront sur cet arbre; mais vous n'en mettrez pas dans
« vos poches. » Ils obéirent. Cependant un d'entre eux en jeta plusieurs à travers la haie ; il se disait : « Je les
« trouverai en sortant. » Cette supercherie m'inspira une pensée utile qui se comprend facilement : Ce que nous donnons aux pauvres, nous le jetons par-dessus la haie; nous le retrouverons dans l'éternité. »

57. Un avare qui avait amassé un trésor l'avait enfoui dans la terre; il craignait les voleurs, qui auraient pu le lui dérober. Un fossoyeur qui l'avait aperçu s'appropria le dépôt. Notre avare ne s'en était pas douté. Quand il vint visiter son trésor, il ne le trouva plus. Alors il gémit, il se tourmente, il se déchire. Un passant qui le vit lui demanda : « Pourquoi donc pleurez-vous ? — Hélas ! lui répondit-il, j'avais un trésor ; les voleurs me l'ont enlevé. — Pourquoi l'aviez-vous apporté si loin ? Il eût été plus sage de le garder en votre maison. Vous auriez pu y veiller et vous en servir dans le besoin. — Mais je l'aurais épuisé promptement ; l'argent ne s'amasse pas comme il se dépense. Je n'y touchais jamais. — Pourquoi donc vous affligez-vous, puisque vous n'en faisiez aucun usage ? Mettez une pierre à la place, vous n'en serez pas moins content. »

Qui interrogatif.

Règles : Quis vestrûm, *ou* ex vobis, *ou* inter vos ? — Uter est doctior, tu-ne an frater ?

Qui interrogatif, nominatif ou régime.

Règles : Quis te vocavit ? — Quem vocas ?

Que interrogatif.

Règles : Quid agis. — Cui rei studes ? — Quid virtute pulchrius ?

58. Qui de vous n'aime pas à entendre le chant des oiseaux dans les bois ? Qui n'admirerait pas les douces mélodies de ces chantres merveilleux ? Lequel des deux, vous paraît le plus agréable, du rossignol ou de la fauvette ? Que préférez-vous aux concerts des oiseaux ? Qu'admirez-vous le plus dans le spectacle que la nature déploie à vos regards ? Qui a gravé dans le cœur de l'homme l'amour de la vertu et l'horreur du vice ? Qui n'a pas besoin d'un plus petit et d'un plus faible que soi ? A qui des deux, du pauvre ou du riche, le royaume du ciel a-t-il été promis ? Duquel des deux, du mauvais riche ou du pauvre Lazare, le sort vous paraît-il le plus heureux ? Qui aura pitié de l'homme orgueilleux, quand il sera tombé dans le malheur ? Qui implorera-t-il ? A qui demandera-t-il du secours ? De qui obtiendra-t-il des consolations ?

59. Qui fut le premier des empereurs romains ? L'histoire donne ce titre à Auguste. — Qui eut-il pour successeur ? Tibère jouit du souverain pouvoir après Auguste. — Lequel de ces deux princes fut le plus

digne d'affection ? Duquel des deux les Romains préférèrent-ils le gouvernement ? Qui n'a pas lu les discours de Cicéron ? Qui ne connaît pas les harangues de Démosthènes, qui fut le plus illustre des orateurs grecs ? Lequel de ces deux orateurs, jugez-vous le plus éloquent ? Auquel, d'Homère ou de Virgile, la première place doit-elle être donnée ? A qui appartient-il de juger ce procès ? Qu'avez-vous étudié dans votre enfance ? Que regretterons-nous, si nous perdons le temps à jouer ? Qui interrogez-vous ? Qui vous répondra ? — A qui importerait-il de pratiquer la vertu ? — Que devons-nous désirer sur cette terre ? — A quoi devons-nous appliquer notre esprit ?

Quel, quelle, interrogatif.

Règles : Quæ ou quænam mater liberos suos non amat ? — Quota hora est ? — Quanta nobis instat pernicies ?

60. Quel deuil accable mon âme, ô mon cher ami ! Quelles paroles pourraient exprimer ma douleur ? Quelles larmes suffiraient à une perte si amère ? La mort m'a ravi ce fils que j'aimais uniquement. Vous le connaissiez et vous l'aimiez. De quelles qualités il était doué ! De quelles vertus il donnait déjà des marques précoces ! Quelles espérances je pouvais concevoir de lui ! Quel bonheur il m'était permis d'attendre ! Avec quelle douceur il a supporté les longues souffrances de sa maladie ! Avec quel courage il a vu la mort venir ! Quelle piété il a montrée ! Quelles consolations il adressait à ceux qui pleuraient autour de son lit ! Toutefois, quels regrets cette mort nous laisse ! Quels biens pourront encore m'attacher ? Quelles joies pourrai-je désirer en ce monde ?

61. Quels maux la guerre n'entraîne-t-elle pas après elle ? De quels désastres n'est-elle pas la source ? Quelles larmes répandent les mères désolées ! De quel carnage les villes sont remplies ! Quels cris, quels hurlements poussent les enfants, les vieillards égorgés ! Quels ravages le fer et le feu exercent dans les campagnes ! De quel sang les champs sont inondés ! Quel bonheur les ambitieux trouvent-ils donc dans la destruction ? De quelle gloire sont-ils avides ? Au contraire, de quelle tranquillité les citoyens jouissent dans la paix ! Avec quelle sécurité ils cultivent leurs champs ! Avec quelle joie ils recueillent leurs moissons ! De quelles louanges ne sont pas dignes ces princes amis de la paix ! Quel amour ils s'attirent par leurs bienfaits ! Avec quels regrets les peuples apprennent leur mort ! Avec quelle gloire leur nom vivra dans la postérité !

Règles : Quis te redemit ? Jesus Christus. — Quem miseret pigrorum ? Neminem. — Num dormis ? Non dormio. — Vidisti-ne regem ? Vidi. — Annon *ou* nonne vidisti regem ? Non vidi. — Puer, abige muscas. — Abeat proditor. — Ne insultes, *ou* noli insultare miseris. — Ne dicat.

Le martyr saint Ignace devant l'empereur Trajan.

62. « Qui êtes-vous ? — Chrétien. — Quel est votre nom ? — Ignace. — De quelle ville êtes-vous l'évêque ? — D'Antioche. — Ne connaissez-vous pas les décrets des empereurs ? — Oui. — Persistez-vous à adorer le Crucifié ? — Oui. — Voulez-vous renoncer à ce culte ? — Non. — Oserez-vous bien enfreindre mes ordres, mauvais démon ? — Oui. Mais Théophore n'est pas un mauvais démon. — Qui est Théophore ? — Celui qui porte Jésus-Christ dans son cœur. — Mais ne portons-nous pas aussi nos dieux dans notre cœur ? — C'est une erreur d'appeler dieux les démons que vous adorez. — Ne craignez-vous pas les lions et les tigres ? — Non. — Qui vous donnera la force de supporter les tourments ? — Mon Sauveur. — Ne voulez-vous pas renier le Christ ? — Que Dieu me préserve d'un tel crime. — Soldats, liez cet homme ; qu'il périsse, le rebelle. Que la dent des lions broye son corps ; que les chrétiens soient témoins de son supplice, et qu'ils craignent les empereurs. »

Le Paysan malade.

63. Un paysan malade fut porté à l'hôpital, où il fut bien soigné. Cependant la maladie augmentait, et le paysan se plaignait sans cesse. Le médecin lui dit : « Mon ami, n'êtes-vous pas bien ici ? — Oui. — Manquez-vous de soins ? — Non. — Pourquoi vous plaignez-vous donc ? — Parce que je suis trop bien. — Que dites-vous ? Avez-vous perdu l'esprit ? — Non. — Votre lit serait-il incommode ? — Non ; il est trop mou, et je mourrai bientôt si vous continuez à me traiter ainsi. — Que demandez-vous donc ? — De la paille. — Voudriez-vous du vin ? — Non ; donnez-moi du pain, de l'eau et des oignons. — Serviteurs, dit le médecin, prenez ce malade, ne lui refusez pas ce qu'il demande. Qu'il mange du pain, des oignons ; qu'il boive de l'eau. Qu'il meure, le malheureux, puisqu'il le veut. » Mais quelle fut la surprise, le lendemain, quand il se leva guéri !

SYNTAXE DES PARTICIPES.

Règles : Gallus escam *quærens*. — Urbem *captam* hostis diripuit. — Partibus *factis*, sic locutus est leo.

64. Trois hommes, voyageant ensemble, trouvèrent un trésor. L'argent étant partagé, ils continuèrent leur route. Leurs vivres étant consommés, ils voulurent en acheter d'autres, et le plus jeune des trois se chargea de cette commission. Étant parti, il marchait vers la ville voisine, réfléchissant en lui-même. « Je serais plus riche, disait-il, si j'avais été seul. Le trésor trouvé m'aurait appartenu tout entier. Mes richesses m'ayant été enlevées, ne pourrais-je pas les reprendre? » Alors il forme un projet criminel : les vivres étant achetés, il y mêle du poison. *Pendant son absence* (1), les autres s'étaient dit : « Notre part eût été plus grande, si nous eussions été deux seulement. Tuons ce jeune homme. » Celui-ci, ne soupçonnant pas le dessein formé contre lui, revient avec les vivres ; mais, saisi par ses compagnons, il est assassiné et dépouillé. Le crime étant achevé, les meurtriers mangent sans inquiétude ; mais, le poison se glissant promptement dans leur estomac, ils meurent, et le trésor trouvé n'appartient à personne.

David veut bâtir un Temple au Seigneur.

65. Tous ses ennemis étant vaincus, David, jouissant de la paix, voulut bâtir un temple au Seigneur. Le prophète Nathan étant mandé, David lui dit : « Pendant

---

(1) *Tournez*, lui absent.

que j'habite (1) une maison de cèdre, l'arche du Seigneur est sous une tente de peaux. » Le prophète consulté répondit au roi : « Accomplissez le dessein que vous avez dans le cœur. Ce dessein étant inspiré de Dieu, il vous sera facile de l'exécuter. » Mais la nuit suivante, Dieu parla au prophète. « Allez, lui dit-il, parlez à mon serviteur David, lui disant de ma part : « J'approuve votre pensée ; mais le temple qui doit « m'être bâti (2) ne vous regarde pas. Vos mains ayant « été souillées de sang, elles ne peuvent accomplir « cette œuvre ; mais après que vous serez mort (3), je « placerai votre fils sur votre trône. Il sera appelé pa- « cifique, et ce sera à lui de bâtir ce temple, dont la « renommée ne sera égalée par aucun autre. »

66. Asdrubal, étant entré en Italie, avait envoyé quatre cavaliers portant une lettre à Annibal, son frère. Ayant été arrêtés par les Romains, ils furent conduits au consul Néron. Celui-ci, connaissant par ces lettres les projets d'Asdrubal, quitta son camp pendant la nuit. Toute l'Italie étant traversée, il arriva au camp de son collègue. Les deux armées étant réunies, il fut facile d'accabler Asdrubal. Cinquante-six mille ennemis furent tués. Asdrubal, ne voulant pas survivre au carnage des siens, se précipita sur une cohorte romaine et fut tué. Sa tête ayant été coupée, le consul l'emporta. Ayant été jetée dans le camp d'Annibal, elle fut trouvée par un soldat, qui la porta au général. Celui-ci, voyant la tête de son frère, s'écria : « Malheur à nous ! Mon frère étant mort, que pourrai-je faire ? Je prévois le triste sort *qui menace* (4) ma patrie. »

(1) *Tournez*, moi habitant une maison.... — (2) *Tournez*, devant m'être bâti.... — (3) *Tournez*, toi étant mort.... — (4) *Tournez*, menaçant....

SYNTAXE DES PRÉPOSITIONS.

Noms de matière, de mesure, de distance et d'espace, de l'instrument, de la cause, de la partie, du prix, de la valeur.

67. Chez les anciens Romains, une couronne de chêne ou de gazon était le prix du courage. Longtemps les consuls et les dictateurs furent remarquables par leur désintéressement. Ils n'avaient ni vaisselle d'argent ni tables de marbre. Un escabeau de bois suffisait à Curius ; une frange d'or ne bordait pas la toge de Fabricius. Ils présentaient aux dieux leurs offrandes dans des plats d'argile. Ils ne connaissaient ni les aiguières d'or ni les bassins d'argent. Les bonnes mœurs se conservèrent par l'amour de la pauvreté. Mais quand Rome eut soumis par les armes les contrées de l'Asie, elle perdit par le luxe son ancienne simplicité. Les citoyens voulurent briller par l'opulence, et ils s'enrichirent par l'injustice et les rapines.

68. Babylone était comptée parmi les plus anciennes villes du monde. Elle surpassait en grandeur et en beauté toutes les cités de l'Asie. Ses murs de brique étaient hauts de cent coudées ; ils étaient cimentés de bitume. Ils égalaient en largeur les plus belles de nos routes, et plusieurs chars à quatre chevaux y pouvaient facilement courir de front. Les portes de la ville n'étaient pas de bois, mais d'airain. Des jardins suspendus au-dessus des murailles attiraient les regards par la beauté des arbres et l'agrément de la verdure. Un pont de pierre joignait les deux rives de l'Euphrate, fleuve remarquable par sa rapidité. Nabuchodonosor

avait enrichi cette ville des dépouilles de la Judée ; il y avait apporté les vases d'or et d'argent enlevés du temple de Jérusalem.

69. Le chameau est un animal fort utile dans les voyages à travers les déserts. Il est remarquable par les deux bosses qu'il porte sur le dos. Les chameaux qui ont une seule bosse sont appelés dromadaires. Les jambes de cet animal sont hautes de cinq pieds ; son cou est long de deux coudées. Le conducteur l'excite à marcher avec un sifflet ; mais il ne pourrait le forcer par les coups à hâter le pas. Il ne faut pas le juger par l'agrément de ses formes, il déplaît par la petitesse de sa tête et de ses oreilles, et la longueur de son cou. Outre les services qu'il rend en portant des fardeaux, il peut nourrir son maître de son lait et de sa chair ; il peut le soustraire aux dangers et à l'ennemi par l'agilité de sa course.

Noms de temps.

Veniet die dominicâ. — Regnavit tres annos *ou* tribus annis. — Tertium annum regnat. — Id feci intra tres dies.

70. Auguste, qui fut le premier empereur des Romains, s'appelait d'abord Octave. Il naquit soixante-deux ans avant Jésus-Christ. Il y avait alors six cent quatre-vingt-dix ans que Rome était fondée. Quatre ans après sa naissance, il perdit son père, et il fut adopté par Jules César, son oncle. Celui-ci fut tué le quinzième jour de mars, la quarante-quatrième année avant la naissance du Sauveur. Rome avait déjà existé six cent huit ans. Il y avait deux ans que César était mort.

SUR LA SYNTAXE DES PRÉPOSITIONS. 47

Octave obtint le consulat par violence. Il exerça alors d'horribles cruautés : en trois mois, il livra aux bourreaux un grand nombre de citoyens. Il devint empereur et régna quarante-quatre ans. Il avait vécu soixante-seize ans quand il mourut.

SUR LES QUATRE QUESTIONS DE LIEU.

71. Cicéron, le plus célèbre des orateurs romains, naquit à Arpinum. Son père le mena à Rome, où il étudia les lettres. Plus tard il passa en Grèce. Il entendit à Athènes les rhéteurs les plus renommés. Il alla aussi dans l'île de Rhodes, où le philosophe Possidonius lui enseigna la philosophie. Il revint ensuite dans sa patrie et fixa sa demeure à Rome. Il s'éleva par ses talents aux premières dignités de la république; il sauva sa patrie d'une ruine totale. Mais bientôt ses concitoyens, oubliant ses services, le condamnèrent à l'exil. Il partit de Rome fort triste ; il alla en Grèce. Dans la suite, il fut rappelé dans sa patrie. Tout le peuple l'accueillit avec joie lorsqu'il revint de l'exil. Il passa à la campagne les dernières années de sa vie.

Récit d'un Voyage.

72. Un jeune homme, né dans une petite ville de Normandie, aimait à voyager. Il partit de Rouen, passa par Paris, d'où il se rendit à Lyon, où il s'arrêta. Mais il avait formé le dessein de passer en Italie, où il voulait voir les villes les plus célèbres par leur antiquité ou leurs monuments. Il alla donc de Lyon à Marseille, d'où il partit sur un vaisseau. Il aborda dans un port dont le nom n'était pas autrefois très-connu. Il alla d'abord à Rome, d'où il se transporta à Naples. Il séjourna quatre mois dans cette ville, qui est fort re-

marquable par sa beauté, sa grandeur, et le nombre de ses habitants. Il y trouva des églises et des palais dont la magnificence excita son admiration.

73. Les étrangers se plaisent à Naples, surtout l'hiver, parce que l'air y est très-doux. La musique est fort cultivée dans cette cité, et les amateurs y vont entendre les musiciens les plus habiles dans cet art. Notre voyageur, qui voulait passer par les plus belles villes d'Italie avant de (1) revenir en France, retourna de Naples à Rome; puis de là il alla à Florence, ville fort riche et fort magnifique. Il se transporta même à Venise, où il admira des monuments qui égalent en beauté les monuments anciens qui étaient renommés en Grèce. De Venise il vint à Milan; mais le désir de revoir son pays le ramena en France, où il retrouva ses amis. Il vécut heureux à la maison; car le bonheur est plutôt au dedans qu'au dehors.

74. Annibal, qui fit seize ans la guerre aux Romains, était né à Carthage. Il apprit en Espagne le métier des armes. Il partit de ce pays avec le dessein de porter la guerre en Italie. Il passa par les Pyrénées, par la partie méridionale des Gaules. Le Rhône était difficile à traverser. Quand il fut arrivé auprès de ce fleuve, il imagina un moyen ingénieux de transporter ses éléphants d'un bord à l'autre bord. Ensuite il conduisit son armée aux montagnes des Alpes. Là ses soldats parurent effrayés; mais il les encouragea par ses paroles et ses exemples. Ils arrivèrent au sommet de ces montagnes couvertes de glace et de neige; ils en descendirent et entrèrent en Italie.

---

(1) *Tournez*, avant qu'il revînt....

75. Trois armées romaines furent défaites par ce grand capitaine : la première, auprès du Tésin ; la deuxième, auprès de la Trébie ; la troisième, auprès du lac de Trasimène. La plus honteuse des défaites que les Romains essuyèrent eut lieu à Cannes, village fort obscur jusque-là. Annibal aurait pu conduire à Rome ses troupes victorieuses ; mais il s'éloigna de cette ville, et alla à Capoue, ville dangereuse par ses délices. Là ses soldats s'amollirent par l'oisiveté. Les Romains envoyèrent en Afrique une armée qui était conduite par Scipion. Alors Annibal sortit de l'Italie, et retourna dans sa patrie, que les plus grands dangers menaçaient.

76. Scipion avait trouvé en Afrique des alliés puissants. Massinissa, qui régnait en Numidie, avait embrassé le parti des Romains, auxquels il fournissait une bonne cavalerie. Une bataille fut livrée à Zama. Annibal vaincu s'enfuit d'abord à Carthage ; mais devenu odieux à ses concitoyens, il se réfugia chez Antiochus, dont le royaume était en Asie. Mais craignant la perfidie de ce prince, il se retira en Bithynie, auprès du roi Prusias. Des ambassadeurs vinrent de Rome, et demandèrent à ce prince qu'il (1) leur livrât Annibal. Ils voulaient le mener à Rome, où il aurait péri dans les tourments ou la prison. Ce grand homme avala du poison, et mourut ainsi dans le château où il s'était renfermé. La nouvelle de sa mort causa une grande joie à Rome, où il était encore redouté.

---

(1) Qu'il livrât, *ut traderet*.

SYNTAXE DES ADVERBES.

Phrases détachées.

77. La Bretagne produit beaucoup de lin et de chanvre; elle produit moins de blé et de vin. — César aurait acquis plus de gloire, s'il avait eu moins d'ambition. — Trop de richesses est souvent une source d'inquiétudes. — En quel lieu du monde un traître est-il estimé? Nulle part. — La veille d'une bataille, Alexandre dormait paisiblement. — Voici l'occasion de montrer votre courage; allez au-devant des dangers; combattez comme des lions; mourez pour l'amour de la patrie. Le lendemain de la victoire, vous jouirez du repos.

SYNTAXE DES CONJONCTIONS.

78. Lorsque les empereurs romains mouraient, le sénat leur décernait les honneurs divins; tandis qu'ils vivaient, le peuple leur dressait des statues; mais dès qu'ils avaient disparu, les statues étaient renversées. Cette vengeance était juste, puisque les empereurs avaient été cruels. Si ces princes avaient pratiqué la vertu, leur mémoire aurait été plus chère. Ils auraient dû montrer de la douceur et de la clémence, afin que les peuples bénissent leur nom. Comme ils étaient plus puissants, ils auraient été aimés, s'ils avaient répandu des bienfaits sur les peuples. Si vous étudiez l'histoire, vous verrez quelquefois le vice en honneur, et la vertu dans le mépris; mais la providence divine réparera ces injustices, lorsque le temps en sera venu.

Thèmes de récapitulation sur la syntaxe entière.

79. Un prince qui veut être aimé des peuples doit suivre les règles de la justice. Qu'il imite saint Louis, le plus juste des rois qui ont gouverné la France. Le courage et l'équité, vertus vraiment dignes d'un roi, lui avaient attiré le respect et l'admiration des autres princes. Les nations voisines, connaissant la justice et l'intégrité de ce grand monarque, le choisirent souvent pour arbitre des différends qui s'élevaient entre elles. Dans les expéditions militaires, si ses soldats avaient causé quelque dommage aux paysans, il le réparait. Ce grand roi mourut hors de son royaume, à Tunis, en Afrique. La France, qui avait encore besoin de sa sagesse, le pleura amèrement. Il avait été illustre par ses victoires, mais plus illustre encore par ses vertus.

80. Ulysse, partant d'Ithaque, où il régnait, avait confié à Mentor son fils Télémaque. Dix ans étant déjà passés, Ulysse n'était pas revenu dans son royaume. Cependant Troie étant prise et ruinée, les rois qui avaient assiégé cette ville avaient quitté l'Asie et étaient revenus dans leur pays. Mais Ulysse errait par toutes les mers. Télémaque partit avec Mentor, cherchant son père dans diverses contrées. Pendant qu'ils voyageaient, Mentor ne négligeait aucune occasion d'instruire le jeune prince. Il enseignait à son cher élève le grand art de gouverner les hommes. Il l'exhortait souvent à imiter la sagesse d'Ulysse, dont la renommée était très-grande chez les peuples qu'ils visitaient. Il l'avertissait des dangers qui menacent la jeunesse imprudente. Le jeune prince, accoutumé à la sagesse par les conseils de Mentor, mérita l'admiration des peuples.

81. Un de ces écoliers très-paresseux auxquels le travail et les livres sont insupportables, menait une vie fort triste dans le collége, qui lui paraissait une prison. Lorsqu'il aurait dû rendre grâces à ses parents, il les accusait d'injustice et d'inhumanité. Ce petit garnement avait un ver à soie dans son pupitre. Il passait la plus grande partie du temps à examiner cet insecte. Un jour, comme il voyait le petit animal filer sa coque : « Vraiment, lui dit-il, je pourrais avec raison t'accuser de folie. Quel plaisir trouves-tu à te façonner ainsi une prison? Si tu y avais langui plusieurs années comme moi je languis dans ce collége, tu serais sans doute plus sage. — A la vérité, je construis les murs de ma prison, répondit le ver à soie ; mais quand je sortirai d'ici, je ne serai plus un vil insecte. Devenu un beau papillon, je m'élèverai dans les airs. »

82. Aux environs de Memphis, ville d'Égypte, se trouvait un lac, dont le nom est Achérusia. Les habitants de ce pays avaient coutume d'embaumer les corps des défunts et de les enterrer au delà du lac. Mais les honneurs de la sépulture n'étaient pas accordés à tous. D'abord les corps étaient déposés sur le rivage du lac ; et ceux qui connaissaient dans le défunt des fautes dignes de châtiment, avaient droit de les accuser devant les juges. Ceux-ci examinaient l'accusation avec un très-grand soin, et personne ne leur faisait un crime de leur sévérité. Si le mort était reconnu innocent, son corps était transporté par ses parents au delà du lac. Mais si les crimes qui lui étaient reprochés se trouvaient véritables, le corps restait sans sépulture ; il devenait la proie des oiseaux et des bêtes féroces.

DE RÉCAPITULATION SUR LA SYNTAXE ENTIÈRE. 53

83. Le philosophe Héraclite ne cessait pas de pleurer; au contraire, le philosophe Démocrite ne cessait pas de rire. Lequel des deux était le plus sage, de Démocrite ou d'Héraclite? Cette question est difficile à résoudre; car souvent les actions des hommes sont dignes de larmes; souvent aussi elles sont dignes de risée. « O hommes, s'écriait Héraclite d'une voix lamentable, jouissez enfin de la vie; il importe à votre bonheur de vivre (1) dans une plus grande tranquillité. Vous passez le jour et la nuit à travailler par le désir d'amasser des richesses. A quoi vous serviront tous ces trésors entassés? » — « Bâtissez des palais, s'écriait Démocrite en riant aux éclats; amoncelez l'or et l'argent, dont vos neveux jouiront. Que ceux-ci ne puissent pas vous accuser de négligence. Qu'ils puissent dissiper par le luxe le fruit de vos épargnes. »

84. Le hanneton, qui plaît surtout aux écoliers paresseux, est un insecte plus nuisible qu'utile. Il dépouille les arbres de leurs feuilles, qu'il ronge sans aucune pitié. Il est d'abord un ver blanc, dégoûtant par sa difformité; il reste enseveli dans la terre tout l'hiver; ou si quelquefois il en est tiré par le soc de la charrue, il devient la pâture des corneilles. Quand le printemps ramène une douce chaleur, il sort de sa retraite obscure, et le soir il vole en bourdonnant. Alors le sort qui le menace est fort triste; car il tombe entre les mains de petits barbares qui le condamnent ou à la prison ou à la chaîne. Tantôt ils privent le captif d'une aile ou d'une patte; tantôt ils l'attellent à une voiture de papier. La mort seule peut le délivrer de cette cruelle servitude.

---

(1) Que vous viviez, *ut vitam agatis*.

85. Un cheval, attaché à un pieu, paissait tranquillement dans un pré. Un loup, pressé par la faim, l'aperçut. Il aurait bien voulu s'emparer de cette proie offerte par la fortune, mais il n'osait attaquer par la force le cheval, qui lui paraissait plein de vigueur. Alors il résolut d'employer la ruse. Il vient donc au cheval. « Sans doute, lui dit-il, votre maître, à qui il importait de conserver un bon serviteur, vous a exempté du travail accoutumé ? Il est facile de voir en vous la langueur et la souffrance. Mes services pourraient être utiles à votre guérison ; car je suis habile dans la médecine. J'ai passé une partie de ma vie à étudier les vertus des plantes qui sont utiles à rendre la santé ; je puis me glorifier de ma science ; si vous voulez, vous en ferez l'épreuve, et vous vous réjouirez de la confiance que vous m'aurez accordée. »

86. Notre cheval était plus défiant que le loup ne l'avait cru ; et d'ailleurs la ruse de celui-ci n'était pas difficile à soupçonner. « Vous êtes venu ici bien à propos, répondit le cheval ; j'avais besoin d'un chirurgien très-habile, car je souffre beaucoup d'une plaie qui me tient au pied. — Mon ami, dit le loup, le pied est le plus délicat de tous les membres, et le plus difficile à guérir. Cependant aucun mal n'est supérieur à ma science ; montrez-moi ce pied malade. » Notre médecin, placé derrière le cheval, se prépare à saisir une proie qu'il croit assurée ; mais le cheval lui applique à la mâchoire un coup violent par lequel il est renversé, et toutes ses dents sont cassées. Il se relève avec peine, et s'en va avec le salaire qu'il avait mérité.

87. Le vicomte de Turenne fut semblable aux plus grands héros de l'ancienne Rome. Il les égala par son

courage, et les surpassa par la vertu. Lorsqu'il était revenu des camps, il vivait à Paris dans une grande simplicité. Un jour, un jeune homme qui ne connaissait pas ce grand capitaine frappa rudement son cocher. Alors un artisan sortit de sa boutique, portant un bâton à la main, et s'écria : « Vous osez maltraiter ainsi les serviteurs de monsieur de Turenne ! » Aussitôt le jeune homme, tremblant de crainte, s'approche du carrosse et demande pardon au vicomte. « Monsieur, répondit Turenne en souriant, vous êtes très-habile à châtier les gens. Quand mes domestiques manqueront à leur devoir, je vous les enverrai à corriger. »

Martyre de saint Polycarpe.

88. La sixième année de l'empire de Marc-Aurèle, une violente persécution s'alluma contre les chrétiens de l'Asie. Quelques-uns furent déchirés par le fouet, d'autres périrent par les supplices les plus cruels. Saint Polycarpe était alors évêque de Smyrne. Il ne craignait pas la mort; mais, cédant aux prières de ses amis, il s'était retiré à la campagne dans une maison peu éloignée; là il passait le jour et la nuit à prier. Il fut découvert par des cavaliers qui le cherchaient. Il aurait été facile au saint d'échapper, mais il ne le voulut pas. Disposé à les suivre et à mourir, il demanda seulement la permission de prier quelques moments; cela lui fut accordé.

89. La prière étant achevée, le vénérable vieillard fut conduit à la ville. Lorsqu'il entra dans l'amphithéâtre, il entendit une voix céleste qui l'encourageait à souffrir. Le proconsul essaya d'abord d'ébranler sa foi par des paroles flatteuses. « Ayez pitié de votre âge, lui dit-il; jurez par la fortune de César. Si vous voulez dire des

injures à Christ, je vous renverrai. » Polycarpe répondit : « Il y a quatre-vingts ans que je sers Jésus-Christ, il ne m'a jamais fait de mal ; au contraire, il m'a comblé de biens. Pourrais-je dire des injures à mon roi, qui m'a sauvé ? Je suis chrétien, voilà ma religion. Si vous voulez connaître la doctrine des chrétiens, donnez-moi un jour, et je vous en instruirai. — Persuade le peuple, dit le proconsul. — Le peuple n'est pas mon juge, » reprit Polycarpe.

90. Alors le proconsul, plein de colère, dit au martyr : « J'ai ici des bêtes féroces ; tu deviendras la pâture des lions, si tu refuses de m'obéir. — Que vos lions soient amenés, répondit Polycarpe ; je ne suis point effrayé de vos menaces. — Si tu méprises les bêtes, tu seras consumé par le feu. — Vous me menacez d'un feu passager, qui s'éteint bientôt. Mais, vous ne connaissez pas le jugement futur, ni les feux éternels qui consumeront les méchants. Ne différez pas, je suis prêt à tout. » Lorsque le saint prononçait ces paroles, la sérénité, la joie et une grâce céleste éclataient sur son visage. Le proconsul lui-même en fut frappé ; toutefois, pressé par les cris du peuple, il prononça la sentence et condamna au feu le saint vieillard.

91. Le bûcher étant préparé, Polycarpe ôta sa ceinture, ses habits et sa chaussure. Comme les bourreaux voulaient l'attacher au poteau : « Laissez-moi, leur dit-il. Dieu, qui me donne le courage de souffrir, me soutiendra sur le bûcher. » Alors il commença à prier. Le bûcher fut allumé et une grande flamme s'éleva ; mais bientôt cette flamme, se courbant comme un arc, et semblable à une voile de navire qui est enflée par le vent, entoura le saint. Ainsi le feu épargna le corps du martyr. Les persécuteurs, outrés de fureur, dirent

aux bourreaux : « Puisqu'il ne peut être consumé par le feu, percez-le d'un poignard. » Le sang qui jaillit de la plaie éteignit le feu. Les payens voulaient refuser aux chrétiens les restes du martyr ; mais les chrétiens emportèrent ses ossements, plus précieux que l'or et les pierreries, et les déposèrent dans un lieu convenable.

THÈMES SUR QUELQUES RÈGLES DE LA MÉTHODE.

QUE RETRANCHÉ.

1ère RÈGLE. — Mettez le second verbe français au présent de l'infinitif, quand les deux actions exprimées par les deux verbes se font ou ont été faites dans le même temps. *Credo illum legere.*

92. Vous dites que le printemps approche ; moi je dis que l'hiver dure encore. — Nous savons que le lion rugit, que l'âne brait, que le renard glapit. — Le monde croit que la pauvreté est honteuse ; mais l'Évangile déclare que les pauvres sont heureux. — Vous soupçonniez que cet homme mentait ; moi, j'assurais que son discours était sincère. — Tu as pensé que je venais ; moi, j'ai cru que tu restais. — Vous annonçâtes que nous arrivions, et nos amis pensèrent que vous vous trompiez. — Joseph dit à ses frères qu'ils étaient des espions ; il voulut que l'un d'eux fût retenu. — Deux époux disputaient : le mari disait que les pies étaient blanches et noires ; la femme soutenait que cet oiseau est noir et blanc. Moi, je juge que cet homme et cette femme ne sont pas très-sensés.

3.

93. Certains peuples pensaient que le soleil était un dieu. — J'ai lu que les Égyptiens adoraient les chats et les crocodiles. — Le général pensa que l'ennemi était vaincu; il crut que l'armée fuyait; mais bientôt il s'aperçut que les troupes restaient en bon ordre. — Jacob ne voulait pas croire que Joseph vécût; il disait que ce cher fils n'était plus depuis longtemps. — Rapportez à votre maître que les aveugles voient, que les sourds entendent, que les boiteux marchent, que les lépreux sont guéris, que les morts ressuscitent, que l'Évangile est annoncé aux pauvres. — Vous voudriez que je parlasse; moi, je dis que la modestie et le silence me conviennent.

2ᵐᵉ Règle. — Si l'action du second verbe était déjà faite dans le temps que marque le premier verbe, mettez en latin le second verbe au parfait de l'infinitif. *Credo illum legisse.*

94. Nous lisons qu'Hercule fut un héros très-célèbre. La Fable raconte qu'il accomplit douze travaux étonnants. Je ne pense pas que son histoire vous ait été racontée. Vous saurez donc que ce héros, encore enfant, écrasa dans ses mains deux serpents. Il est certain qu'un lion énorme fut étouffé par lui. Sachez encore que ce guerrier intrépide attaqua une hydre terrible; mais il paraît que la victoire fut difficile. Il est vrai qu'Hercule abattit les sept têtes de l'hydre; mais l'histoire ajoute que ces têtes avaient repoussé (1) plusieurs fois. Vous jugez que le héros n'acheva pas facilement la défaite du monstre. Quelques-uns ont dit que toutes les

---

(1) *Repullulo, as, avi.*

têtes avaient été coupées d'un seul coup, d'autres rapportent que le combat avait été terminé par le feu.

95. L'histoire raconte aussi qu'un sanglier avait longtemps ravagé les campagnes ; elle ajoute que cette bête féroce fut prise et tuée par Hercule. Vous direz qu'il poursuivit aussi une biche qui avait des pieds d'airain et des cornes d'or ; vous verrez qu'il la perça de ses flèches. Apprenez aussi qu'Hercule fit la guerre aux Amazones. Vous ignorez peut-être que celles-ci étaient des femmes guerrières. Nous lisons encore que deux tyrans cruels furent tués par notre héros. Vous saurez que l'un était appelé Diomède et l'autre Busiris. Il paraît que Diomède a régné en Égypte et que Busiris a été roi de Thrace. Vous voyez que je vous ai raconté une partie des travaux d'Hercule : je désire que vous ayez retenu quelque chose de ce récit.

3me RÈGLE. — Si l'action du second verbe était encore à faire dans le temps du premier verbe, mettez en latin le futur de l'infinitif. Je crois qu'il viendra demain, *credo illum cras venturum esse*.

96. Nous croyons que Dieu punira les méchants ; nous espérons que le juste recevra sa récompense. — Pensez que la jeunesse ne durera pas toujours, que la vieillesse arrivera bientôt. — Les Juifs croyaient que le temple subsisterait toujours ; ils disaient que le temps de sa destruction ne viendrait jamais. — Le printemps promettait que les fruits abonderaient ; l'été annonçait que les moissons seraient belles. — Vous voyez que ces feuilles tomberont bientôt. — Jésus-Christ a dit que le

ciel et la terre passeront, mais que sa parole ne passera pas. — Nous savons que l'homme sage sera toujours estimé; mais vous devez croire que les méchants seront méprisés. — Sachez que cette action sera connue, et que les fraudes seront découvertes. — Vous auriez espéré en vain que ce crime serait caché. — Le médecin a promis que nos blessures seraient guéries.

RÉCAPITULATION *sur les trois règles du* QUE *RETRANCHÉ.*

97. Nous lisons qu'Achab, roi d'Israël, fut fort méchant. L'histoire sainte raconte que ce prince voulut acheter la vigne de Naboth. Il désirait que ses jardins fussent agrandis. Il dit donc à Naboth qu'une meilleure vigne lui serait donnée en échange, ou que le prix du champ lui serait payé en argent. Naboth répondit qu'il ne vendrait jamais l'héritage de ses pères. Moïse avait ordonné que les champs ne fussent point vendus à perpétuité : la loi exigeait que chaque terre fût rendue à son premier possesseur au temps du jubilé, c'est-à-dire à la cinquantième année. Nous lisons que ce refus causa un grand chagrin au roi. Jézabel, épouse d'Achab, encore plus méchante que lui, apprit que ce prince succombait à sa douleur. Elle vint auprès de lui. « Je vois que vous êtes un roi bien puissant, lui dit-elle; vous endurez qu'un homme vous refuse sa vigne! Sachez que cet insolent sera châtié bientôt. »

98. Alors Jézabel suborna des témoins qui dirent que Naboth avait blasphémé contre Dieu ; ils ajoutèrent qu'il avait mal parlé du roi. La loi ordonnait que les blasphémateurs fussent lapidés. Les juges déclarèrent que la sentence serait exécutée sur-le-champ. Alors la

reine dit à Achab que Naboth était mort. Le roi, plein de joie, alla s'emparer du champ, ne pensant pas que ce meurtre serait puni un jour. Mais Dieu voulut que le châtiment lui fût annoncé à l'heure même. Vous savez que le prophète Élie vivait alors. Il vint au-devant du roi. « Prince, lui dit-il, sachez que Dieu vengera la mort de Naboth, et que les chiens boiront votre sang comme ils ont léché le sang de celui-là. Jézabel a espéré que le Seigneur serait aveugle ; mais je lui annonce à elle-même que son corps sera dévoré par les chiens, et que les restes de son cadavre resteront comme du fumier sur la terre. »

VERBES APRÈS LESQUELS LE QUE OU DE SE REND EN LATIN PAR UT ; OU PAR NE, QUAND IL Y A UNE NÉGATION AVEC LE VERBE.

Conseiller de, *suadere ut*.
Conseiller de ne pas, *suadere ne*.

NOTA. Dans les phrases suivantes on traduira le second verbe par le présent du subjonctif.

99. Je souhaite que vous aimiez l'étude. — Il est nécessaire que le soleil échauffe la terre ; mais si la pluie ne tombe pas, il arrive que les champs restent stériles. — Faisons en sorte de n'offenser personne ; ayons soin de ne pas blesser nos frères. — Tu nous pries de venir ; tu nous demandes de ne pas tarder ; tu souhaites que nous apportions nos filets. Je t'avertis de ne pas attendre notre venue. Le beau temps peut-être nous persuadera de partir ; mais il peut arriver que nous soyons retenus à la maison. J'écris à nos amis de ne pas différer leur voyage ; je les prie d'arriver bientôt. — Dieu nous com-

mande d'aimer nos ennemis, de pardonner volontiers, de ne pas nous venger. Il est juste que nous obéissions. — Je te conseillerai toujours de respecter tes parents, et de ne pas suivre les mauvais exemples.

Dans le thème suivant on traduira le second verbe par l'imparfait du subjonctif.

Tibi suadebam \
Tibi suasi } *ut legeres.* \
Tibi suaseram

100. Dans ma jeunesse, un de mes amis me conseilla de passer en Amérique; il souhaitait que je l'accompagnasse. Il m'avait persuadé de ne pas déclarer notre projet à mes parents. Je partis, et j'eus soin que mon départ fût ignoré. Il importerait aux jeunes gens de ne pas imiter ma folie. Il arriva qu'une tempête assaillit le vaisseau. Il était juste que je portasse la peine de ma légèreté. Le vaisseau fut brisé, et, dans le naufrage, chacun fit en sorte de saisir une planche. Nous conjurâmes Dieu de nous tirer de ce danger. Sans doute il commanda aux flots de ne pas nous submerger et de nous porter vers la terre; car il arriva que tous nous pûmes aborder au rivage. Si quelqu'un me conseillait de tenter une pareille aventure, je lui dirais d'adresser ses exhortations à un autre.

Dans le thème suivant, on examinera à quel temps du subjonctif, *présent ou imparfait*, il faut mettre le second verbe.

101. Je vous conseille d'étudier les sciences; il vous sera avantageux de connaître les phénomènes de la

nature. Périclès, célèbre Athénien, sur le point de partir (1) pour une expédition militaire, commanda au pilote de lever l'ancre. « Jamais vous ne me persuaderez de partir, répondit celui-ci, dans un danger si certain. » Et en effet, Périclès ne put lui persuader de faire voile. Vous souhaitez sans doute que je vous dise la cause de son refus. Une éclipse de soleil qui était survenue effrayait le pilote et lui présageait les plus grands malheurs. Il importait au général athénien de guérir l'erreur du pilote. Alors il lui jette son manteau sur la tête. « Je te prie de me dire, ajouta-t-il, si (2) tu vois quelque chose. — Il n'est pas possible que je voie, répondit celui-ci, puisque votre manteau me couvre les yeux. — De même, dit Périclès, il nous est impossible de voir le soleil en ce moment, parce que la lune est entre le soleil et nos yeux. »

Pronom ON, L'ON.

1. On aime la vertu, *virtus amatur*.

2. *Adolescentibus non modò non invidetur, sed etiam favetur.*

3. On raconte, *narratur*; on va, *itur*; on est venu, *itum est*.

4. On aime la vertu, *amant virtutem*.

102. On craint la mort, on désire la vie. On a comparé l'empereur Trajan à Romulus. On augmentera ses richesses par l'activité et l'économie. On épargnera les vaincus. On a éteint l'incendie. On avait amené la vic-

---

(1) *Tournez*, devant partir.
(2) Si s'exprime par *an* et le verbe suivant au subjonctif.

time; on avait allumé le feu, on avait préparé les glaives. On court aux armes et on engage le combat. On aurait combattu avec succès. On annonça l'arrivée d'un secours inattendu. On imite quelquefois le mauvais exemple. On suit un conseil pernicieux. On marchait au hasard. A Rome, on interdisait le feu et l'eau aux exilés. On racontera vos belles actions, on vantera vos vertus.

103. Quand le vicomte de Turenne revenait de ses expéditions militaires, on venait de toutes parts au-devant de lui; on admirait sa simplicité. On comptait non ses domestiques, mais ses victoires; on chantait ses louanges. On a raconté de lui plusieurs traits très honorables, par lesquels on peut connaître son courage, où sa douceur, où sa probité. On le comptera toujours parmi les plus illustres capitaines. On lira le récit de ses exploits avec amour. Quand on apprit sa mort, on le pleura dans toutes les villes et toutes les campagnes. On déplora le sort de la France, et on craignit des malheurs. Quand il eut été frappé du coup mortel, on cacha d'abord sa mort aux soldats; mais quand ils la connurent, on ne put longtemps arrêter les gémissements et les larmes.

104. En Italie, on redoute beaucoup les éruptions du mont Vésuve. On appelle ainsi une montagne voisine de Naples, qui renferme un volcan. Quand ce volcan doit vomir des flammes, on entend d'abord un sourd gémissement. Alors on abandonne les maisons. On fuit, on emporte ses meubles, quand on le peut. On a fait des récits épouvantables sur ces éruptions; on ne pourrait révoquer en doute la vérité de ces récits. Un jour, on entendit dans les entrailles du gouffre un effroyable

fracas; on aperçut des tourbillons épais de fumée; on distingua ensuite une lueur rougeâtre; puis on vit de longs jets de flamme qui s'élevaient dans l'air. Bientôt on sentit une odeur de soufre. Quelques heures après, on aurait cherché en vain les cabanes et les maisons voisines de la montagne; on aurait trouvé seulement les traces d'un affreux incendie.

DES PARTICIPES.

PARTICIPES FRANÇAIS QUI MANQUENT EN LATIN.

105. Les hommes étant criminels, Dieu voulut les exterminer par le déluge; mais Noé, ayant été juste et parfait, fut exempt du châtiment universel. Dieu ayant averti Noé, celui-ci construisit une arche. Cette arche étant fort grande, elle pouvait contenir un couple de tous les animaux. Les hommes, ayant vu le travail de Noé, se moquaient de lui. Celui-ci, ayant averti les coupables, entra dans l'arche avec sa famille. La pluie étant tombée quarante jours et quarante nuits, la terre fut submergée. Les ondes ayant couvert les plus hautes montagnes, aucun homme ne put échapper; mais l'arche, étant sur les eaux, n'éprouva aucun mal. Enfin, Dieu, se souvenant de Noé, mit fin au déluge. Un grand vent ayant soufflé, les eaux diminuèrent. Noé, ayant vécu un an dans l'arche, en sortit avec sa famille.

106. Une grenouille, ayant aperçu un bœuf, voulut l'égaler en grosseur. Étant plus petite qu'un œuf, elle aurait dû être plus modeste; mais l'orgueil étant aveugle et incorrigible, elle persista dans son dessein. Ayant donc enflé sa peau, elle dit à sa voisine: « Regardez-moi, ma sœur; ne suis-je pas plus grosse que

ce bœuf? » Celle-ci, ayant ri de sa folie, lui répondit : « Vous en êtes bien loin. » La grenouille, ayant tenté de se gonfler davantage, creva.

Un paon ayant perdu ses plumes, un geai les ramassa. Ayant accommodé à ses ailes et à sa queue ce brillant ornement, il marchait fièrement. Mais étant venu parmi d'autres paons, il fut reconnu et dépouillé. Alors ayant voulu retourner parmi les geais, ses confrères, il fut aussi chassé de leur compagnie.

107. Un enfant ayant été longtemps indocile, avait pris la résolution de se corriger. Ayant fréquenté des enfants sages, il devint sage lui-même. Quelques-uns, ayant remarqué ce changement, manquèrent de justice à l'égard de cet enfant et l'accusèrent d'hypocrisie. Cette accusation étant injuste, l'enfant ne pouvait la supporter. Étant venu trouver (1) son maître, il se plaignit. Le maître, ayant écouté ses plaintes avec bonté, le consola. « Mon ami, lui dit-il, ayant mérité autrefois les réprimandes des hommes, il faut les supporter. Mais depuis ayant corrigé vos défauts, soyez-en reconnaissant envers Dieu ; puis, si les hommes jugent mal de vous, ne vous affligez pas, pouvant avoir deux témoins de vos actions qui ne sont jamais trompés, Dieu et votre conscience. »

RÈGLE : Si.... que...., *tam, adeo.... ut*.

108. La terre est si fertile, qu'elle peut nourrir tous les hommes. Le vent était si violent, qu'il déracinait tous les arbres. La tempête fut si terrible, qu'elle renversa des maisons. Les pluies avaient été si abondantes,

---

(1) Venir trouver, *adire, adeo, is, adivi*.

que les fleuves débordèrent. L'athlète Milon était si fort, qu'il tuait un bœuf à coups de poings. Il avait les épaules si robustes, qu'il pouvait porter un bœuf. Traversant une forêt, il aperçut un arbre à demi fendu dans sa longueur. Ses bras étaient encore si nerveux, qu'il essaya de le fendre tout à fait. Mais la chose était si hasardeuse, qu'il n'aurait pas dû la tenter. En effet, cet arbre était encore si vigoureux, que les deux parties se réunirent et saisirent les bras de l'athlète. Alors il poussa des cris plaintifs. Mais la forêt était si déserte, que personne ne l'entendit. Il fut déchiré par les bêtes féroces. La mort de cet athlète est si déplorable, qu'elle doit exciter votre compassion.

109. Néron fut un prince si féroce, qu'il tua sa mère. Les vices de cet empereur étaient si odieux, que sa mort parut un bonheur public. Il était si cruel, que son nom excite encore l'horreur. Quand il fallut mourir, il fut si lâche, qu'il chercha tous les moyens d'éviter la mort. Au contraire, l'empereur Titus fut si clément, qu'il a été loué par tous les historiens. Il était si porté à faire du bien, qu'aucun prince ne l'a surpassé en bonté. Ce prince était si chéri, qu'il fut appelé les délices du genre humain. Cependant deux citoyens de Rome furent si impies, qu'ils formèrent le projet de le tuer. Mais le prince fut si indulgent, qu'il épargna ses conspirateurs. Cette action est si belle, qu'elle ne peut être assez louée.

PRÉPOSITION POUR.

Pour devant un *Nom*.

110. Le zèle de Cicéron pour la république est admirable. Son amour pour les belles-lettres devint sa con-

solation dans les disgrâces. La brique peut être employée pour la pierre, et le bitume pour le ciment. Un enfant est aimable pour sa docilité et non pour sa beauté. Les Athéniens respectaient Aristide pour sa grande équité. Soulagez les pauvres pour Dieu. Pratiquons la vertu pour notre bonheur, mais surtout pour notre salut. Vous avez entrepris ce voyage pour moi. Travaillons non pour la gloire, mais pour l'utilité de nos frères. Celui qui donne un verre d'eau froide pour Jésus-Christ ne perdra pas sa récompense. Une mère tendre redoute pour son enfant tous les dangers. Job implorait la clémence divine pour les fautes de ses enfants. Oreste et Pylade sont célèbres pour leur amitié; ils voulurent mourir l'un pour l'autre.

Pour devant un *Verbe.*

111. La fourmi amasse des provisions pour vivre pendant l'hiver. Sois vigilant pour ne pas tomber dans le piége. La vigne doit être émondée pour rapporter du fruit. Les enfants doivent être corrigés pour devenir vertueux. Fuyons le mal pour ne pas perdre la couronne qui nous a été promise. Semez pour recueillir. Combattez pour n'être pas vaincus. Saint Paul travaillait de ses mains pour suffire à ses nécessités. Les bergers veillaient pour écarter les loups. Des soldats vinrent pour tuer un proscrit; l'esclave du proscrit prit les habits de son maître pour tromper les meurtriers et pour mourir à sa place. Les saints ne faisaient pas le bien pour être estimés, mais pour accomplir la volonté de Dieu. Un oiseleur a semé des grains de blé pour attirer les oiseaux. Les chasseurs avaient tendu des piéges pour prendre des lièvres.

Préposition *sans* devant un *Verbe*

112. Les plaisirs du monde corrompent le cœur sans le satisfaire. Les soldats romains combattaient sans reculer. Démosthènes ne devint pas orateur sans travailler beaucoup. Annibal a franchi les Alpes sans redouter la hauteur de ces montagnes. Qui a récolté sans semer? Qui peut obtenir le salut sans faire de bonnes œuvres? Nous ne pouvons jouir de la céleste patrie sans sortir de notre exil. Vous ne pourrez vous instruire sans étudier. Vous auriez voulu comprendre sans écouter. L'homme insensé aura vu les merveilles de la nature sans les admirer; mais l'homme sage et pieux ne contemplerait pas le plus petit insecte sans reconnaître la main puissante du Créateur.

Préposition *après* devant un *Nom*, POST, SECUNDUM, SUB; devant un *Verbe*, POSTQUAM.

113. La sérénité vient après l'orage. Après Dieu, nos parents méritent tout notre amour. Après saint Louis, Charles V fut le plus sage de nos rois. Après le lever du soleil, le brouillard se dissipe. Après la sentence, les coupables seront punis. — Après avoir écouté, je médite. — Après avoir travaillé, je me repose. — Après avoir mangé, je marchais. Après avoir marché, je m'asseyais. Après avoir couru, tu t'arrêtais. Après avoir examiné la chose, vous avez prononcé le jugement. Après avoir vu, je croirai. Après avoir donné, ne redemandez pas.

RÉCAPITULATION sur la SYNTAXE, avec quelques règles de la Méthode.

114. Caton, à qui on donna le surnom de Censeur, fut un des citoyens les plus distingués de l'ancienne Rome. Il était d'une prudence remarquable et d'une patience singulière. Il conserva la rigidité des anciennes mœurs, lorsque déjà Rome commençait à s'amollir par les délices. Il donna un très-grand soin à *l'éducation de son fils* (1). Dès qu'il fut capable de comprendre quelque chose, Caton voulut enseigner lui-même à ce cher enfant les éléments des lettres. Il écrivit de sa propre main, et en grands caractères, des histoires que son fils lisait, et par lesquelles il apprenait les maximes et les exemples des anciens. Jamais Caton ne fit et ne dit devant son fils aucune chose qui fût honteuse à dire ou à faire.

115. Le vrai sage est plein de dédain pour les faux biens. Il manque souvent de richesses, dont les hommes insensés sont avides; mais ne pensez pas que cette privation lui soit pénible. Il est exempt des inquiétudes dont l'avare et l'ambitieux sont rongés. Il n'est point tourmenté par le désir d'obtenir des honneurs dont l'éclat est plus trompeur que brillant. Il aime à étudier les lettres et les sciences; il orne son esprit de connaissances utiles. Il passe sa vie à rechercher et à pratiquer la vertu. Les hommes frivoles peuvent croire que la vie du sage est triste; mais s'ils avaient quelquefois goûté les plaisirs purs de l'innocence, ils penseraient bien autrement. Le sage a pitié des méchants, que le souve-

---

(1) *Tournez*, à son fils devant être instruit.

SUR QUELQUES RÈGLES DE LA MÉTHODE. 71

nir de leurs crimes agite et tourmente sans cesse ; il voudrait les attirer à la vertu par ses exemples.

116. Molière avait donné à un pauvre une pièce d'or par mégarde. Notre homme, à qui pareille fortune n'arrivait pas tous les jours, rendit grâce à Dieu et à son bienfaiteur. Il s'empressa de porter ce trésor à sa femme, qui le félicita de cet heureux événement. Ils pouvaient se servir de cet argent pour procurer à leurs enfants le pain et les vêtements dont ils avaient besoin. Mais bientôt une pensée mêla quelque tristesse à leur joie. « Cet homme, dit le mari, de qui j'ai reçu cette pièce de monnaie, a pu se tromper. Les riches n'ont pas coutume d'user de cette prodigalité à l'égard des pauvres. — Non, cet homme n'a pas voulu te donner une pareille somme, répond la femme. Reporte-lui cet argent ; ce serait un vol de le garder, et Dieu menace de sa colère les voleurs et les injustes. » Aussitôt, le pauvre, ayant cherché et trouvé son bienfaiteur, voulut lui rendre la pièce d'or. Mais Molière, touché de la probité de ce pauvre : « Vous êtes digne d'une récompense, lui dit-il. Je veux que cette pièce soit à vous, avec cette autre que j'y ajoute. »

117. La piété filiale doit être regardée comme une des plus belles vertus. Nous avons reçu de nos parents la vie, les soins les plus tendres, des richesses amassées par un grand travail. Il est juste que nos parents reçoivent de nous l'amour et la reconnaissance. Cet amour qui unit les enfants aux parents est une loi de la nature que l'on doit observer, même lorsqu'elle serait difficile. Que les enfants supportent donc avec patience la colère de leurs parents. Nous lisons qu'un jeune homme fréquentait l'école de Zénon à Athènes. Un jour, son père l'interrogea. « Qu'as-tu appris aujourd'hui ? lui dit-il.

— Vous le connaîtrez par ma conduite, répondit le jeune homme. Le père, irrité de cette réponse, frappa son fils avec un bâton. Le jeune homme resta calme, souffrant patiemment les coups. « Mon père, dit-il, j'ai appris à supporter votre colère.

118. Le roi de Perse essaya de corrompre par des présents Épaminondas, un des généraux les plus illustres de la Grèce. Il envoya à Thèbes des ambassadeurs, qui trouvèrent le général dans une maison dont les meubles annonçaient la plus grande pauvreté. Ils lui offrirent les présents les plus magnifiques, mais le Thébain, content de sa pauvreté, ne voulut pas les accepter. « Allez raconter à votre roi, dit-il aux députés, les mœurs de la vie de ceux dont il veut tenter la probité. Reportez-lui des présents dont je n'ai pas besoin. En vain vous essayeriez de gagner par l'or et l'argent des hommes à qui une vie frugale plaît, et qui n'ont pas honte de la pauvreté. » Le roi, à qui il eût importé d'obtenir l'amitié du Thébain, admira son désintéressement; et les courtisans, dont il condamnait l'avidité, ne purent lui refuser les éloges dont il était digne.

119. Voici une histoire qui est racontée par un missionnaire qui prêchait la foi dans l'Inde. Un père de famille était tombé malade. Pensant que la mort le menaçait, il appela le missionnaire, qui était à sept lieues de là. Celui-ci, marchant la nuit entière, arrive à la hutte du moribond. Il s'arrête à la porte, pour écouter une petite voix qui, au dedans, récitait des prières. Il pénètre dans la cabane. Le malade était couché à terre; à côté de lui, sa fille, âgée de dix ans, lit des prières. Quand le prêtre a entendu la confession du moribond, il veut laisser auprès de lui un de ses disciples, pen-

SUR QUELQUES RÈGLES DE LA MÉTHODE, 73

[...]ira chercher le viatique. Mais le malade re[...] disant que sa fille peut réciter les prières [...]elles il se préparera à recevoir l'eucharistie. [...] elle s'acquitta de ce devoir avec la plus tendre [...]. Elle récita ensuite les prières des agonisants, et [...]cessa de suggérer à son père mourant de saintes [...]ées, jusqu'à ce qu'il eût rendu le dernier soupir.

120. Un avare, dont tout le plaisir était d'entasser, redoutait les voleurs. Pour conserver ses trésors, il avait pratiqué dans sa cave un souterrain, fermé par une porte de fer qu'on ne pouvait apercevoir. Dès qu'il avait reçu quelque somme, il allait la déposer dans cette sombre cachette. Un jour, en y entrant, il oublia de retirer la clef de la serrure, et de la prendre avec lui. Ayant fermé la porte en dedans, il se mit à compter son or. Ensuite il voulut sortir; mais la porte ne pouvait s'ouvrir en dedans. Quel fut son désespoir! Il cria, il frappa; mais on ne l'entendit pas. Quelques jours s'étant écoulés, comme il ne paraissait plus, toute sa famille était dans une grande inquiétude. On le chercha de tous côtés, on n'en apprit aucune nouvelle. Enfin, un serrurier qui avait fait la porte de ce caveau soupçonna que l'avare pouvait y être enfermé. Il indiqua cette porte; on l'ouvrit, et on trouva un cadavre tout pourri, rongé des vers, à côté de sommes immenses.

121. Le jour où naquit Alexandre, fils de Philippe, roi de Macédoine, fut marqué par un événement mémorable. Il y avait (1) à Éphèse, ville d'Ionie, un temple d'une grande magnificence. Ce temple, consacré à Diane, avait été bâti à grands frais par Crésus, roi des

---

(1) *Tournez*, il était à Éphèse.

Lydiens. Toutes les nations de l'Asie y avaient apporté des présents d'or et d'argent. La statue de la déesse était d'ivoire. Cet ouvrage était remarquable et par son antiquité et par sa grandeur, et les richesses qu'il renfermait. Un homme, dont la folie paraîtra bien difficile à comprendre, détruisit ce temple par le feu. Qui de vous pourrait soupçonner le motif par lequel il fut poussé à cette entreprise insensée ? Lorsqu'il fut interrogé par les juges, vaincu par la force des tourments, il dit : « J'ai voulu me faire un nom célèbre dans la postérité. » L'histoire a conservé le nom de ce furieux, qui eût été digne d'un éternel oubli.

122. Clodomir, un des fils de Clovis, qui régnait à Orléans, avait laissé trois fils en mourant. Clotilde, leur aïeule, avait amené ces orphelins à Paris, où elle demeurait. Clotaire, leur oncle, forma le projet de frustrer ses neveux de l'héritage paternel. Il invita son frère Childebert à partager leurs dépouilles. Celui-ci y consentit. Tous deux viennent à Paris auprès de Clotilde, leur mère. « Nous voulons, lui disent-ils, élever nos neveux sur le trône, même avant l'âge ordinaire. » Clotilde, qui ne soupçonnait pas leurs mauvais desseins, leur livra ses petits-fils, qu'ils emmenèrent aussitôt. Mais bientôt ils envoyèrent à Clotilde une épée et des ciseaux. Le messager lui dit : « Reine, il vous appartient de décider du sort de vos petits-fils. Ils périront ou ils seront rasés. » Les princes francs à qui on coupait les cheveux étaient privés du droit de régner. Clotilde reçut avec horreur cette proposition. Emportée par la douleur, elle s'écria imprudemment : « Jamais je ne consentirai au déshonneur de mes petits-fils. Qu'ils meurent ou qu'ils commandent. »

SUR QUELQUES RÈGLES DE LA MÉTHODE. 75

123. Ces paroles furent rapportées aux deux rois, et devinrent une sentence de mort pour les jeunes princes. Clotaire, saisissant le plus grand, lui plongea son épée dans la poitrine. Le plus jeune, effrayé, se jette aux genoux de Childebert, et lui demande la vie par des cris et des larmes. Celui-ci est ému de compassion ; il pleure lui-même et veut sauver l'enfant. « Épargne cet innocent, » dit-il à Clotaire. Mais celui-ci, comme enivré par le crime, lui répond : « Abandonne-le, ou je te frapperai toi-même. » Childebert, épouvanté par les menaces de son frère, repousse son neveu, qui bientôt tombe mort devant lui. Le dernier des trois enfants fut sauvé par des serviteurs fidèles. Plus tard il se voua au ministère des autels, et il mérita par ses vertus les honneurs que l'Église rend à ceux dont la sainteté est reconnue.

124. Saint Vincent de Paul, dont le nom est devenu fort célèbre, naquit dans un village de la Gascogne. La fortune n'avait pas favorisé ses parents ; mais jamais cet homme très-humble n'eut honte de sa médiocrité. Il passa son enfance à garder les troupeaux ; dès lors il se distingua par une très-grande charité pour les pauvres. Il aimait à secourir les indigents, et souvent il se privait de sa nourriture, qu'il leur distribuait. Naturellement porté au travail et à la piété, il fit des progrès très-rapides dans les lettres, et bientôt il devint capable d'instruire les autres. Quand ses études furent achevées, il fut élevé au sacerdoce, et par ses vertus il se montra digne de cet insigne honneur. Mais les épreuves étaient réservées à cet homme, que Dieu destinait à une très-éminente sainteté. Comme il allait de Marseille à Narbonne, le vaisseau sur lequel il était porté fut pris par des pirates, qui emmenèrent leurs prisonniers en Afrique.

125. Vincent resta captif plusieurs années dans ce pays. Il fut acheté par un vieux médecin, grand alchimiste, qui voulait lui enseigner la science dont il était lui-même amateur. Le saint prêtre eut besoin de courage et de constance pendant qu'il était captif; mais il jouissait de la joie et de la paix que Dieu donne à ses serviteurs, et dont le malheur n'avait pu le dépouiller. Revenu en France, il exerça plusieurs emplois dans lesquels ses vertus brillèrent d'un grand éclat. Ayant fixé sa demeure à Paris, il s'y livra à toutes sortes de bonnes œuvres. Longtemps il eut le soin de ceux qui étaient condamnés aux galères, à Toulon, à Marseille et dans d'autres villes maritimes. Il adoucissait les souffrances de ces malheureux par sa grande charité. Les établissements de charité qu'il a fondés pour recueillir les enfants abandonnés subsistent encore. Il serait difficile de trouver un homme qui se soit montré plus compatissant pour les malheureux.

126. Clovis ne fut pas le premier roi des Francs ; cependant il peut être regardé comme le fondateur de la monarchie française. Il était âgé de quinze ans lorsqu'il parvint au trône. La quatrième année de son règne, il remporta une victoire par laquelle il devint maître de tous les pays que les Romains avaient possédés dans les Gaules. Bientôt il épousa Clotilde, princesse que ses vertus ont élevée au rang des saints. Celle-ci l'exhorta longtemps sans succès à quitter l'idolâtrie. Cependant une nombreuse armée d'Allemands avait fait invasion dans le pays occupé par les Francs. Clovis marcha au-devant d'eux, et les atteignit à Tolbiac, près de Cologne. La bataille se livra. Clovis, voyant ses soldats plier au premier choc, s'écria : « O Dieu qu'adore Clotilde, si tu me rends victorieux, je te promets que je n'aurai jamais d'autre Dieu que toi. »

127. Cette prière, qui était partie d'un cœur sincère, fut exaucée. Les Allemands, frappés d'une terreur subite, reculèrent à leur tour ; leur défaite fut complète. Le vainqueur n'oublia point la promesse qu'il avait faite. Il vint à Reims, où il fut baptisé par saint Remi, qui était évêque de cette ville. Un grand nombre de Français suivirent l'exemple du monarque. Quelle fut la joie de Clotilde, lorsqu'elle apprit que le prince avait renoncé au culte des fausses divinités ! Elle vint féliciter son époux, qui lui était encore plus cher depuis qu'il était devenu chrétien. Clovis continua d'agrandir son royaume par les armes. Il vainquit les Visigoths à Poitiers, et tua de sa propre main Alaric, leur roi. Il avait régné trente ans, lorsqu'il mourut à Paris. Il faut avouer que ce prince a fait tort à sa gloire par une ambition démesurée et par divers actes de cruauté.

128. Il y avait à Hambourg, ville d'Allemagne très-célèbre, un homme, nommé Robinson, qui avait trois fils. L'aîné, à qui les armes plaisaient mieux que les livres, passait toutes ses journées dans les exercices militaires. Son plus grand plaisir était de manier un sabre, de ranger en bataille ses petits compagnons, de fatiguer les oreilles des voisins par le son continuel du tambour. Quand il fut parvenu à l'adolescence, abandonnant les combats simulés pour courir aux véritables, il devint soldat. Déjà depuis quelques mois il apprenait à marcher, à s'arrêter méthodiquement, à se tourner tantôt à droite, tantôt à gauche, lorsque la guerre s'alluma entre les Turcs et les Allemands. Il s'était distingué dans plusieurs occasions, lorsqu'il tomba frappé d'un coup mortel. Le second, qui étudiait les belles-lettres, ayant bu de l'eau froide lorsqu'il était très-échauffé, perdit la vie par cette imprudence.

4.

129. Le plus jeune des trois restait seul. Son père l'avait surnommé Crusoé; il était fort chéri de ses parents; et comme il était leur unique héritier, ils voulaient lui acquérir une fortune immense. Son père désirait qu'il s'adonnât au commerce; mais cela ne plaisait point au jeune homme. Il déclara donc à ses parents qu'il voulait parcourir le monde. Il avait déjà atteint sa dix-septième année; mais il avait perdu la plus grande partie de son temps dans l'oisiveté. Il demandait instamment à son père la permission de voyager; mais celui-ci ne pouvait y consentir. Un jour, comme il se promenait sur le port, il rencontra un de ses camarades qui était fils d'un capitaine de navire. Celui-ci devait partir pour Londres avec son père. Il engagea Robinson à l'accompagner. La tentation était délicate. Robinson ne put y résister, et s'embarqua.

130. Bientôt les matelots ont levé l'ancre et tendu les voiles. Le vaisseau est poussé par le vent, et le capitaine fait ses adieux à la ville par trois coups de canon. Robinson, qui se tenait debout sur le pont, pouvait à peine contenir la joie que lui causait un voyage longtemps désiré. Le ciel était serein, et comme le vent était favorable, bientôt on ne vit plus la ville de Hambourg. Le lendemain on parvint à l'embouchure de l'Elbe, et bientôt on entra dans la haute mer. Quel fut l'étonnement de Robinson, lorsque, jetant les yeux sur l'immensité de l'Océan, il *ne* vit *que* le ciel (1) au-dessus de sa tête, il *ne* vit *que* l'eau devant, derrière, autour de lui! Pendant deux jours le temps fut beau, et le vent souffla au gré des navigateurs. Mais le troisième jour, le ciel commença à se couvrir de nuages,

_____
(1) *Traduisez*, il vit seulement le ciel, etc.

et le vent à souffler avec violence. C'était l'annonce d'une tempête affreuse, qui éclata bientôt.

131. D'abord on voit briller des éclairs, et le ciel paraît tout en feu. Une nuit profonde se répand sur les eaux; le tonnerre éclate avec un fracas affreux; des torrents de pluie se précipitent des nuages, et la mer qui s'enfle pousse ses flots les uns contre les autres. Le vaisseau est tantôt soulevé jusqu'aux nues, tantôt il retombe rapidement dans les abîmes. Avec quel bruit les cordages se brisent! Quel tumulte dans le vaisseau. Tous les passagers croient que leur dernière heure est arrivée. Le jeune Robinson, qui n'était point accoutumé au mouvement de la mer, ne pouvait supporter le roulis du navire; il fut saisi d'une violente nausée; il était si malade, qu'on le crut près de mourir. « Ah! mes bons parents, s'écria-t-il plusieurs fois, je ne vous reverrai jamais. — Bon Dieu, s'écrièrent les matelots pâles et désespérés, nous sommes perdus; le navire fait eau de toutes parts. »

132. Robinson, qui était assis sur un hamac, entend ces cris; il tombe à la renverse. Cependant on court aux pompes; on travaille pour que le vaisseau ne soit pas submergé. Le capitaine fait tirer des coups de canon de temps en temps, pour instruire du danger où il se trouve les navires qui pouvaient naviguer dans les parages. Un vaisseau qui avait entendu le signal de détresse avait envoyé une chaloupe pour sauver du moins les passagers; mais les flots étaient si agités, qu'elle ne pouvait avancer. Enfin elle approcha du navire, et les matelots purent jeter un câble sur le pont; par ce moyen elle accosta le navire, et on put sauver les passagers du naufrage. Robinson, semblable à un mort, fut emporté par quelques matelots qui avaient

pitié de sa jeunesse. La chaloupe s'éloigna, et bientôt le vaisseau disparut, englouti sous les flots. Bientôt la barque eut regagné le vaisseau.

133. Ce bâtiment se dirigeait vers Londres ; quatre jours après, il arrive à l'embouchure de la Tamise, et le cinquième il jette l'ancre dans le port. Aussitôt chaque passager descend à terre. Robinson ne descendit pas le dernier ; il était désireux de voir la ville de Londres. Oubliant les maux passés, il parcourt les rues où chaque objet captive ses yeux. Bientôt son estomac lui demande de la nourriture ; à Londres, on sent la faim comme ailleurs. Notre voyageur n'avait pas un sou dans sa poche. Il retourna vers le capitaine du bâtiment qui l'avait apporté. « Monsieur, lui dit-il, j'ai faim, et je n'ai pas de pain, veuillez bien (1) m'admettre à votre table. » Le capitaine était un brave homme. « Mon ami, lui répondit-il, pourquoi êtes-vous venu à Londres ? » Alors Robinson lui avoua qu'il avait été entraîné par le désir de voir du pays, qu'il était parti à l'insu de ses parents, qu'il était sans ressources.

134. « Vous êtes parti à l'insu de vos parents ! s'écrie le capitaine ; si je l'avais su plus tôt, vous n'auriez point été reçu sur mon navire. » Robinson rougit, et, les yeux baissés, il garda le silence. Notre bon marin continue, et, montrant au jeune homme toute la grandeur de sa faute, il lui conseille d'écrire à ses parents, pour obtenir d'eux son pardon. Robinson, touché de ses paroles, répand beaucoup de larmes. « Que faut-il que je fasse ? dit-il au capitaine. — Partez, répond celui-ci, sur le premier navire qui ira d'ici à Hambourg. Lorsque vous serez arrivé auprès de vos parents, vous les prierez de

---

(1) Veuillez bien, *velis*.

vous pardonner votre faute. Vous promettrez que vous n'en commettrez plus de semblable. — Mais je manque d'argent, répondit Robinson. — Voici quatre guinées que je vous prête ; partez, et que votre retour soit heureux. »

135. Tandis que Robinson se rendait au port, il roulait différentes pensées dans son esprit. « Comment mes parents me recevront-ils ? Sans doute ils me châtieront pour la faute que j'ai commise. Mes camarades se moqueront de moi, lorsqu'ils me verront revenir de mon voyage si promptement. » Il arrive au port, ne sachant s'il (1) doit partir ou rester. Quelle est sa joie, lorsqu'il apprend qu'aucun vaisseau ne faisait voile pour Hambourg! Cela lui avait été dit par le capitaine d'un de ces vaisseaux qui vont en Guinée. Robinson témoigna sa joie au capitaine, et lui dit : « Monsieur, je suis dévoré du désir de voyager ; et d'ailleurs, je n'ose retourner chez mes parents. Voudriez-vous me prendre sur votre vaisseau ? » Le capitaine n'hésita point, il dit même à Robinson que le voyage serait agréable et lui fournirait l'occasion de s'enrichir.

136. Le vaisseau partit bientôt pour la Guinée. Le trajet fut heureux, et Robinson se félicitait de sa bonne fortune. Quand le navire eut touché le port, les matelots descendirent, et chacun commença à exposer les marchandises qu'il avait apportées. Par le conseil du capitaine, Robinson avait employé ses quatre guinées à acheter, avant le départ, des colliers, des couteaux, des ciseaux, des haches et autres objets de cette espèce. Les sauvages sont très-curieux de ces bagatelles qu'ils achètent à grand prix. Vous jugez que notre voyageur

---

(1) Si, *an*, avec le subjonctif.

fit une belle fortune avec ses quatre guinées. Il resta quatre mois dans ce pays. Il pensait avec joie qu'il retournerait riche en Europe. Mais, hélas ! les plus belles espérances sont trompées bien souvent. Ayant été surpris dans un endroit écarté par les sauvages, il fut tué, et ne revit point son pays.

L'Empereur Caligula et son Cheval.

137. Les folies de Caligula pour son cheval sont connues de tout le monde. Il lui avait construit une écurie de marbre et une auge d'ivoire. Il voulait que ce coursier honorable portât des housses de pourpre, et un collier de perles. La veille des jours où il devait courir dans le cirque, des soldats, distribués dans le voisinage, établissaient le calme et la tranquillité, pour que nul bruit n'interrompît le sommeil du cheval. Caligula ne fut pas encore content de ces honneurs. Il lui fit une maison, lui donna des domestiques, des meubles, une cuisine. « Je veux, disait-il, que les amis invités par mon cheval soient bien reçus. » Lui-même il l'invitait à sa table, lui présentait de l'orge dorée, et lui donnait du vin à boire dans une coupe d'or, dans laquelle il avait bu le premier. Les historiens assurent que Caligula aurait fait son cheval consul, s'il n'eût été prévenu par la mort.

Conversion des Russes.

138. L'empereur Basile avait envoyé un évêque aux Russes pour les convertir à la religion chrétienne. Le prince des Russes assembla la nation pour délibérer sur le changement. On amena l'évêque pour qu'il rendît compte de la doctrine qu'il venait enseigner. Celui-ci raconta quelques miracles de l'Ancien et du Nouveau Testament. Les Russes furent touchés surtout du mi-

fidèle des trois enfants jetés dans la fournaise, à Babylone. « Si tu nous montres quelque merveille semblable, dirent-ils à l'évêque, nous croirons que tu enseignes la vérité. — Il n'est pas permis de tenter Dieu, dit l'évêque; cependant, si vous avez résolu de connaître sa puissance, j'espère qu'elle vous sera manifestée par son ministre. — Nous allumerons nous-mêmes un grand feu, dirent-ils, tu y jetteras le livre saint que tu tiens; s'il n'est pas brûlé, nous nous ferons chrétiens. » Alors l'évêque, les mains et les yeux levés vers le ciel, fit cette prière : « Jésus, Fils de Dieu, glorifiez votre saint nom en présence de ce peuple. » On jeta le livre dans une fournaise ardente, on l'y laissa longtemps. On éteignit ensuite le feu, et l'on retrouva le livre tout entier. Aussitôt le peuple demanda le baptême.

Du Guesclin et le prince Édouard.

139. Bertrand du Guesclin est un des grands capitaines qui ont fait honneur à la France. Il vivait dans le XIVe siècle, et était né en Bretagne, Charles V régnant alors en France. Dans un combat contre les Anglais, du Guesclin, criblé de blessures, fut pris et amené à Bordeaux avec cent autres chevaliers. Édouard, prince de Galles, qui commandait l'armée anglaise, consentit à accepter une rançon pour tous les compagnons de Bertrand; mais il refusa de rendre la liberté au Breton, et le retint même dans une prison fort étroite. En vain le roi de France offrit au prince une somme considérable; en vain les seigneurs de la Guyenne intercédèrent en faveur du prisonnier. La volonté d'Édouard paraissait inébranlable; mais la vanité fut plus efficace que les supplications.

140. Un jour, le prince anglais avait invité à un banquet les barons les plus distingués de la Guyenne et les

officiers anglais. Pendant le repas on parla de du Guesclin. Un des seigneurs, adressant la parole à Édouard, osa lui dire : « On pense que vous ne voulez pas le mettre en liberté, parce que vous redoutez son habileté et sa valeur. — Comment! on dit cela? répondit le prince fort ému. — Oui, Seigneur, dirent tous les vassaux aquitains ; c'est le bruit général. — Je prouverai, s'écria le prince, que Bertrand ne me fait point peur. Qu'on amène ici du Guesclin, » dit-il à ses gardes. Le Breton arriva vêtu d'un vieux pourpoint gris. Édouard aurait dû avoir honte du traitement indigne que le héros français éprouvait ; mais en le voyant dans un accoutrement si grotesque, il éclata de rire. Le Breton ne s'en fâcha point.

141. « Asseyez-vous près de moi, lui dit le prince. Connaissez-vous les bruits qui courent ? On dit que je ne veux pas vous donner la liberté, parce que j'ai peur de vous. — On le dit, répondit franchement le Breton ; et on ajoute même que vous craignez le tranchant de ma hache. » Édouard rougit à cette parole. « Eh bien! dit-il, dès ce moment vos chaînes sont brisées. Fixez vous-même votre rançon ; et quand vous l'estimeriez seulement à cinq écus, je l'accepterai. Je l'estime à cent mille livres, répondit fièrement le prisonnier. — Et où prendrez-vous une telle somme ? répliqua le prince extrêmement piqué. — Je la trouverai dans la bourse de mes amis ; et s'il est nécessaire, les femmes de la Bretagne me rachèteront avec le produit de leurs quenouilles. » Du Guesclin n'avait pas compté à tort sur ses amis. Avec les sommes qu'il reçut d'eux et les libéralités de Charles V, il put bientôt acquitter sa rançon.

FIN.

Rouen. Imp. MÉGARD et Cie, Grand Rue.

www.ingramcontent.com/pod-product-compliance
Lightning Source LLC
LaVergne TN
LVHW050605090426
835512LV00008B/1348